Turcaret

LESAGE

Turcaret

COMÉDIE

EDITED BY

A. HAMILTON THOMPSON

M.A., F.S.A.
OF ST JOHN'S COLLEGE

Cambridge
At the University Press
1918

CAMBRIDGE UNIVERSITY PRESS
Cambridge, New York, Melbourne, Madrid, Cape Town,
Singapore, São Paulo, Delhi, Mexico City

Cambridge University Press
The Edinburgh Building, Cambridge CB2 8RU, UK

Published in the United States of America by Cambridge University Press, New York

www.cambridge.org
Information on this title: www.cambridge.org/9781107620070

© Cambridge University Press 1918

First published 1918
First paperback edition 2013

A catalogue record for this publication is available from the British Library

ISBN 978-1-107-62007-0 Paperback

PREFACE

In commenting upon *Turcaret*, the editor has endeavoured to emphasise the importance of the play as a comedy of manners and as a social satire. The *traitant* who is the chief object of Lesage's wit is a type of character unfamiliar to English readers, and the part played by him in the French society of the seventeenth and eighteenth centuries can be appreciated only by collecting allusions and anecdotes from the works of his contemporaries. Some results of such a task may be found in the introduction to the present volume which, if its length is increased thereby, may, it is hoped, be of some assistance to the student of the history and literature of the period.

Lesage's life and the principal characteristics of his work have been described in the famous articles by Sir Walter Scott in his *Lives of the Novelists* and by Sainte-Beuve in the second volume of *Causeries du Lundi*, as well as in the monograph by M. Eugène Lintilhac, included in the series of *Les*

Grands Écrivains français. The editor returns grateful thanks to Mr Arthur Tilley of King's College for much advice and help and for undertaking the work of reading his proofs.

A. H. T.

GRETTON, NORTHANTS.
May 1918.

TABLE

INTRODUCTION

I.

ALAIN-RENÉ LESAGE was the son of a notary at Sarzeau (Morbihan), the chief place of the peninsula of Rhuis, which forms the southern boundary of the land-locked gulf of Morbihan. In this small and still remote town, some thirteen to fourteen miles from Vannes, he was born on 8 May, 1668. His mother died when he was nearly nine years old, his father five years later, and the two uncles who acted as his guardian and trustee neglected him and mismanaged his small property. He was educated, however, by the Jesuits at the college of Vannes and came to Paris about 1690 to study philosophy and law. While he earned his right to the title of *avocat*, he was distracted from his nominal profession by the ordinary pursuits of a young man about town and by his literary inclinations.

About four years after his arrival in Paris he married Marie-Élisabeth Huyard, described as the daughter of a *bourgeois* of Paris. He was now twenty-six and without regular work. It is said that for a short time he obtained a clerkship under one of the provincial farmers-general of taxes, and that his experiences in this post pointed the satire with which he subsequently assailed financiers. He soon returned to Paris, however, and engaged industriously in literary work. Without patronage, of which he remained singularly independent all through life, he had no great chance of success, and a translation of the letters of Aristaenetus, published in 1695, was a venture in an unprofitable field. Fortunately for his future line of work, he came under the notice of the abbé de Lyonne, a son of Hugues de Lyonne, minister of foreign affairs 1661–71, and was introduced by him to Spanish literature. From this source, neglected by contemporary French writers, he drew the material of his early plays, adaptations from dramas by Francisco de Rojas, Lope de Vega and Calderon. The moment was well chosen, as the accession of a French prince to the disputed throne of Spain naturally reawakened an interest in Spanish life and art. But, as Asmodée remarks in *Le Diable boiteux*, the dramatic tastes of the two nations were quite different. The complicated intrigues on which the Spaniard could concentrate his attention were followed less readily by the more volatile Frenchman, who preferred the comedy of character with its slight use of plot and its satiric insistence upon ridiculous traits. Lesage found little success in these experiments (1700–7) and turned from them to a type of comedy more in accordance with national tradition.

On 15 March, 1706–7, the short piece, *Crispin rival de son maître*, was represented. With this play and with the satiric narrative *Le Diable boiteux*, published in the same year, Lesage achieved his first literary distinction. *Le Diable boiteux* is a satire upon Parisian society under the thin disguise of a story with Spanish characters and with Madrid as its ostensible scene. Lesage's Spanish studies enabled him to give a novel setting to his powers of social observation. So far as plot is concerned, *Le Diable boiteux* has none. All the story that is necessary is the means by which Asmodée, the demon of the book, and

Don Cléofas, the young grandee to whom he acts as *cicerone*, are brought together and enabled to pursue their researches. Asmodée's business is to describe a number of social types, showing them in their true colours and unmasking the folly, pretentiousness and vice which are their motives of action. The book has been compared to the *Caractères* of La Bruyère: it is, in fact, a series of similar observations, conceived in a lighter mood and connected by a narrative. The style has all the fluency and ease of the conversation of a man to whom wit is a second nature. Lesage's conciseness of expression is equal to that of La Bruyère; but it is instinctive and no careful chiselling was necessary to reduce it to its final and perfect form.

Of the type of comedy represented by *Crispin* and *Turcaret*, which followed it in 1708–9, more will be said in the sequel. The two plays were produced at the Comédie-Française, in the historic house in the Rue des Fossés-Saint-Germain-des-Prés, now called Rue de l'Ancienne-Comédie, where, for eighty years, from 1689 to 1770, a succession of famous pieces was acted by the company subsidised by the Crown. Lesage, however, with all his gifts for legitimate comedy, did not follow up the vein in which he made a more than promising first essay. The leading trait of his character was independence: in an age when authors depended upon patronage for success, he deliberately preferred the career of a free-lance. The Comédie-Française existed under a royal monopoly granted by Louis XIV in 1680. Its productions were necessarily subject to state control, and Lesage's keenest satire was directed against a type of character which was intimately connected with affairs of state. *Turcaret* was not represented without some difficulty and a special order from the Dauphin. Lesage also seems to have had a personal grudge against the theatre, which in 1708 had refused a short piece called *La Tontine*. After *Turcaret*, at any rate, he confined his dramatic work to light farces for the companies which acted in rivalry with the Comédie-Française and the Comédie-Italienne. These independent companies played amusing trifles, composed equally of farce and comic opera, in temporary theatres at the fairs of Saint-Germain and Saint-Laurent. Their type of play, known under the general title of *théâtre de la Foire*, and dealing with topics of purely passing interest included harlequinades and marionette-shows and thus combined the national *vaudeville* with features taken from Italian farce. Although constant attempts were made by the authorised companies to suppress it, its popularity survived and it is the direct ancestor of the pantomime and *revue* as we know them to-day.

Lesage made his living chiefly by composing pieces for this casual kind of representation, by himself and in collaboration with others. He had a share in more than a hundred such trifles, for which his pleasure in contemplating the passing show and noticing its constant variation gave him a special aptitude, aided and fortified by a genial malice which enlivened his natural gift of terse and pointed dialogue. One of those spirits which are always in opposition, he took a prominent part in the schism consequent upon the temporary suppression of the *théâtre de la Foire* in 1721. The manager of the theatre at the Foire Saint-Germain evaded the edict by presenting pieces in monologue, while Lesage and his chief partner, Fuselier, supplied a rival company with puppet-plays. This led to some recrimination; but the dispute was healed when the prohibition was withdrawn and Lesage continued to work for the Foire Saint-Germain until 1738.

Meanwhile, he produced more famous work which has taken a peculiar place in French literature and has overshadowed the merits of *Crispin* and *Turcaret*. The first two volumes of *Gil Blas de Santillane* were published in 1715. The composition of the novel was broken by his more profitable labours for the Foire: the third volume did not appear till 1724 and the fourth was delayed until 1735. As in *Le Diable boiteux*, he used his knowledge of Spanish literature and customs for the setting of a romance which is devoted to the analysis of human nature through the medium of chosen types. The narrative is closely modelled upon the Spanish picaresque novel, which was founded upon the adventures of a *picaro* or knave on his passage through life. Gil Blas is a hero whose philosophy of life is his own advantage. In a succession of experiences, related with the utmost vivacity and power of rapid invention, he surveys mankind from a detached point of view which finds profit in human weakness and regards it without a trace of moral indignation. The fact that Lesage's satire is prompted almost entirely by the amusement which he finds in life gives a singular proportion and truth to his picture. Such amusement, if it does not lend itself readily to sympathy, on the other hand precludes that contrast between virtue and vice which, in the hands of a professed moralist, exaggerates the high lights and deepens the shadows. Edification was no part of Lesage's object: it was not in his nature to be shocked by anything. Accordingly, he painted society just as it appeared to him, a diverting compound of familiar types under the influence of ruling passions, of which vanity and self-seeking are not the least. His method of portraiture has no underlying purpose. It is the natural expression of pleasure in his art; and, if the world through which Gil Blas moves is peopled by knaves and rascals and its motives for action are uniformly low, it is described with too much relish and humour to admit of the charge of mere cynicism against its author. Lesage had not the savage contempt for human nature, characteristic of the cynic, which distorted the view of his English translator and closest imitator, Smollett. If, on the other hand, he had no high respect for it and could say nothing better of it than that 'the best people are those who have the fewest vices,' he treated it without assuming a superior attitude. While Gil Blas's object in life is to avoid becoming the dupe of others, he belongs to a society governed by the same principle; and the perpetual evasion to which this leads, with the consequence that the wiliest are often caught in their own snares, constitutes the comedy of the narrative.

Gil Blas, the work of many years, was accompanied and followed by other romances of a similar kind. *Guzman d'Alfarache* (1732) was freely adapted from a Spanish novel of the same name, while *Le Bachelier de Salamanque* (1738) professed to be translated from a Spanish original. As a matter of fact, Lesage, while borrowing from various sources, loved the form of mystification which consists in references to spurious documents; and his *Vie et Aventures de M. le Chevalier de Beauchêne* (1732), the autobiography of a privateer who really existed, said to be derived from information given by his widow, was probably as purely fictitious as *Gil Blas*. In borrowing and imitating episodes and traits of character, he combined them with a natural inventiveness and powers of rapid narrative and ironic insight which gave them life and made them his own.

Lesage's active literary work ceased in 1738. It had brought him some fame, although he had chosen to work outside the limits most favourable to a classic reputation. He had definitely· broken with legitimate comedy long before and had never sought a place among the immortals of the Academy. His literary earnings had been sufficient to enable him to live in modest comfort. In 1738 he was growing old and for many years had suffered from deafness. Five years later, his eldest son, Montménil, who had achieved celebrity as an actor at the Comédie-Française, died. It is said that Lesage was so gratified by his son's admirable acting in a performance of *Turcaret* that he forgave him his adherence to the theatre with which he himself was at war. Soon after Montménil's death he left Paris to live with his second son, a canon of the cathedral church at Boulogne, who seems to have had his share of the comic talent of the family. He died at Boulogne on 17 November, 1747. Sainte-Beuve, who, fifty-seven years later, was born at the same place, says of him in a famous *Causerie du Lundi*, 'Death soon gave him his true place, and he who in his life-time had been nothing, of whom no one ever spoke without mingling with his praise some little word of condolence and regret, now finds himself ranked without an effort in the memory of men as the successor of Lucian and Terence, the equal of Fielding and Goldsmith, the inferior of Cervantes and Molière.'

II.

Turcaret was acted for the first time on 14 February, 1708–9. While incidentally it satirises more than one aspect of contemporary life, it is directed mainly against one type of character, the financial agent of the government who spent his life in enriching himself upon profits derived from the taxes and public contracts and in squandering his gains on luxury and doubtful pleasures. Turcaret is a man of the humblest origin, who has begun life as a nobleman's lackey. He has been able, through his master's influence, to obtain a small post in a provincial town, with the emoluments of which he has gradually obtained admission to the world of finance and has taken his place among the *traitants* or contractors under government. He is in league with others of similar character and occupation, who unite their capital in buying contracts, making advances to the government and prominent officials and lending money on a large scale. In Paris he poses, in the intervals of business, as a man of fashion, associating with modish idlers who flatter and make profit out of his vanity and making uncouth love to a worthless woman of rather doubtful quality, who uses him as a source of revenue for the spendthrift on whom she has set her affection. The intrigue of the piece is primarily devoted to unmasking his real character, and its climax is his downfall, which brings disconcertion to those who are at once his deceivers and his dupes. The gainers in this *ricochet de fourberies* are the adroit lackey Frontin, in whom we foresee a repetition of the fortunes of Turcaret himself, and his fellow-conspirator, the waiting-maid Lisette.

This type, which Lesage pilloried with a satire more merciless than the good-humoured irony which he ordinarily used, was no caricature, but a literal transcript from contemporary life. The complicated financial system of France, from the fifteenth century onwards, had burdened the state with a host of minor officials who acted as middlemen between the officers of the Crown and the tax-payers. The country was divided for purposes of taxation into *généralités*, each with its own *intendant*, who was ultimately responsible to the *chambre des comptes* in Paris and to the chief financial minister, the *surintendant des finances* or, as he became known after Colbert's advent to power in 1661, the controller-general. The *généralités* again, with their central bureaux in provincial capitals, were subdivided into local districts or *élections*. These had charge of the collection of the poll-tax or *taille*, which was originally levied on all below the rank of nobles, and the numerous indirect taxes or *aides*. The taxes produced enormous sums; and, while the *intendants* were responsible for the financial administration of their *généralités*, the collection of the *aides* was farmed out to capitalists, who bought their charges and repaid themselves handsomely with a percentage on the profits. The farmers-general let out their contracts to *sous-fermiers* or sub-contractors; and each of these had his train of *commis* for whose advancement he provided by allotting to them profitable posts that came within his sphere of influence. As has been pointed out in the case of Turcaret, the individual holder of a contract (*traité*) was known as a *traitant* or, from his habit of working in a *parti* or company with others, as a *partisan*. The operations in which this class indulged were commonly called *les affaires*, and *homme d'affaires* was the synonym for a member of the body to which Saint-Simon scornfully refers as *Messieurs des finances* and whose members acquired the generic name of *maltôtiers* or extortioners.

The career and methods of a *traitant* are fully illustrated by the *Mémoires* of the able and unscrupulous Jean Hérauld de Gourville, who, born in 1625, began his career as a *valet de chambre* in the service of the family of La Rochefoucauld. His abilities as a confidential servant between his master and the chiefs of the Fronde brought him into personal relations with the *grand* Condé and his brother, the prince de Conti. He made the acquaintance of Mazarin and soon recommended himself to Fouquet, then financial minister and *procureur-général* to the Parlement of Paris. In his double capacity, Fouquet found difficulty in persuading the Parlement to give its assent to financial edicts: on Gourville's suggestion, he overcame opposition by bribing some of the leading spirits. Gourville appears to have become somewhat elated by his various manœuvres between the leading statesmen of the day and paid the penalty by a short imprisonment in the Bastille. Mazarin, however, recognised his usefulness and advised him to enter the finances, offering him the receivership of the poll-tax in the two *généralités* of Guienne. Gourville liked the idea, but thought that he was not sufficiently master of the 'hocus-pocus' (*grimoire*) of finance. Fouquet opposed it on the same grounds and objected that Gourville had neither the credit nor the money necessary. His unwillingness was over-ruled by Mazarin, to whom 2,700,000 *livres* were due for advances made to the treasury. Mazarin arranged that this debt should be charged on the Guienne receipts, and Gourville found no difficulty in obtaining the cooperation of the previous tax-farmers to raise the money and undertake to refund it in fifteen monthly payments. The profits of the taxes to the collector were reckoned at four *sols* in the *livre*, i.e. 20 per cent., and came to at least 30,000 *livres* a year.

From 1657 to 1661 Gourville was engaged in numerous contracts and made a large fortune, which he increased by his successes at play. His position, though regular in itself, naturally gave him the opportunity of getting rich by dubious methods, and sharp practice brought about his downfall. The farmers-general, whom he had attempted to intimidate into paying him for his protection, lodged a formal protest against him, the effect of which he began to feel after Mazarin's death in 1661. At this date the disorder in the finances was appalling. Fouquet, in September, 1661, was taken to the Bastille, convicted of embezzlement and sentenced to death, which was afterwards commuted to perpetual imprisonment. Gourville, under the protection of Condé and La Rochefoucauld, was more fortunate. He was indeed condemned in 1663 to be hanged for peculation and malversation, and, in his absence, his portrait was suspended on the gallows in the court of the Palais de Justice. While it was hanging there, he came to Paris *incognito* and sent a man to unhook it by night: 'I found,' he says, 'that they had not troubled themselves much about the likeness.' He spent the next few years in exile in the Low countries, where he proved useful as a secret agent in negotiations between the Crown and the court of Hanover. In 1668 he returned secretly to France and the service of Condé and procured a reversal of his sentence in 1671. The *traitants*, however, did not give up their pursuit of him and it was not until 1693–4 that he was eventually freed from his financial obligations. He died in 1703, having spent the last year of his life in writing his *Mémoires*. His amiable qualities and his devotion to his patrons provide some compensation for the less worthy features of his career. Sainte-Beuve likens him to Gil Blas and Figaro, and his general adroitness, intelligence and naïve pride in his exploits set him upon a higher level than the ignorant and merely rapacious *traitants* of the next generation.

The fall of Fouquet and the administration of Colbert effected a total change in the finances. The period from 1661 to 1683, the year of Colbert's death, was one of continued prosperity. France was the leading power in Europe, and Louis XIV achieved a glory which was justified by his own capacities as a sovereign, the genius of Colbert, not only as a financier, but as a general administrator, the ability of the unscrupulous Louvois as war minister, and the military talents of Condé, Turenne and Vauban. The *traitant* did not, of course, cease to exist: he was a necessary part of the machinery of state, but, under the eye of Colbert, he was subject to effective control. Colbert's death, however, deprived France of her greatest minister. No single person was able to undertake his task of centralising the highest offices of state in the hands of one man. General decline was not apparent at first. For some years after 1683, France contended successfully with her military rivals. Turenne was dead and Condé had retired, but Louvois lived till 1691, and their successes were continued by Luxembourg, who died in 1694–5. But, as soon as Colbert left the finances, the old system of disorder and corruption was revived, and the extravagance of a king and court whose magnificence was maintained upon past memories combined with the disasters of the war of the Spanish succession to exhaust the national resources.

Financial decline began under Colbert's successor as controller-general, Claude Le Pelletier (1683-9). How the *traitants* prospered under this *régime* may be estimated from La Bruyère's *Caractères*, published in 1687. His character of Sosie reproduces the leading traits of Gourville's career. 'Sosie, from a livery, has passed, by way of a petty receivership, to a sub-contractorship. By malversation, violence and the abuse which he has made of his delegacy, he has at last risen to some elevation upon the ruins of several families. A public office made a nobleman of him. He needed no more than to be an honest man: a churchwardenship has worked this marvel.' When, in 1689, Le Pelletier gave place to Louis Phélypeaux, comte de Pontchartrain, the successful lackey flourished. Madame Dunoyer (1663-1720) blamed Pontchartrain for the favour which he showed to *partisans* and accused him of his special protection of the notorious Bourvallais, *l'horreur du genre humain*. Later, as chancellor, Pontchartrain appears to have scorned his former associates and refused a legacy in 1708 from the childless *partisan* Jean Thévenin, who, like Sosie, had risen from a livery to a position which enabled him to buy the title of marquis de Tanlay. His own legacy to the finances, however, was a bewildering maze of contracts among which his unfortunate successor, Michel Chamillart, had to grope his way to meet the enormous expenses of the Crown and army.

Chamillart, who became controller-general in 1699,

owed his position at court to his skill at billiards and the favour of madame de Maintenon. Popular opinion summed him up in the lines,

> Il fut le héros du billard,
> Et le zéro du ministère.

In 1701 he united the ministry of war with that of finance, the task which had been Louvois' with the chief activity of Colbert. Saint-Simon, whose wife's niece he married, lamented the weakness of a character which was at once amiable and obstinate, and the folly and pretentiousness of the brothers and family who shared his fortunes. The war of the Spanish succession began in the first year of his controllership, and, in the disastrous campaigns which followed, he was at his wits' end for means of supplying the army and raising money. Taxation was increased enormously and the state was plunged in debt to the *traitants*, whose greed and fraudulence threatened the nation with ruin. Chamillart's incapacity was jeered at in popular lampoons. He was accused of ruining the public credit, oppressing the populace beyond endurance and conniving at the peculations of the *traitants*. The disastrous bargains which he concluded became proverbial as *marchés de Chamillart*. As minister of war, he lacked firmness and power of decision and was above all without the capacity for keeping his own counsel which Louvois had possessed. Under his guidance the armies met with ill-success. The regiments were badly distributed and maintained: the defeats of Blenheim (1704), Ramillies (1706) and Oudenarde (1708) and continued disasters in Spain are landmarks of his ministry.

In 1708, overwhelmed by financial pressure and with

injured health, he gave up the controllership, but retained the ministry of war till two years later, when, having incurred the displeasure of madame de Maintenon, he was dismissed. Before his dismissal, however, France had reached the turning-point of her military fortunes at Malplaquet (Sept. 1709). Although her best general, Villars, was defeated there, the loss of men was far more serious in the victorious than in the losing army, and the battle marks the beginning of a recovery which partially redeemed the reverses of previous years.

Chamillart retired from the finances early in 1708, the year before the production of *Turcaret*, in favour of Nicolas Desmarets, the nephew of Colbert. The collapse was beyond repair: the fortunes of the year's campaign, which ended with the capitulation of Lille, had been all against France; but Desmarets was at any rate an honest man, if no great financier, who regarded the readiness with which the courtiers shared in the frauds of the *partisans* as responsible for the disasters of his office. The *traitants*, on their part, were ready to pay court to the new minister: one of them, Miotte, wrote him a letter of congratulation, offering him a loan of 50,000 crowns with the prospect of more, thanking him for his past protection and for anticipated favours and asking him for a house in his park, where he would be able to pay him his respects. Another financier, Poulletier, who had 'spent his life in *partis*,' was appointed *intendant* of finances under Desmarets. Pontchartrain expressed to Saint-Simon his disgust at this elevation of a *partisan* to a high post, 'which was a dishonour to the whole of an illustrious body.' Saint-Simon, whose main enthusiasm was the purity of his own rank from plebeian contagion and who disliked *intendants* as a class, replied by asking him whether intendancies were hereditary like dukedoms and reminded him of an hereditary duke who had begun life in a lawyer's office.

Such events as the elevation of Poulletier would be remembered by the audience of *Turcaret*. The play, indeed, appeared at a moment when the *traitant* had fixed his grip most firmly on the state and was more hated than ever by the public. The tasteless display of riches by these upstarts, their parade of bought titles, the insecure foundation of their wealth and the sudden bankruptcies, like that of La Noue in 1705, in which more than one *partisan* was involved, were objects of a derision that feared while it scorned; and Turcarets were too general to make any positive suggestion as to any individual model whom Lesage may have had in mind. The man, however, who was regarded at this very time as the 'perfect pattern of a *traitant*,' was Paul Poisson, originally a lackey, then one of Thévenin's clerks and a *protégé* of Pontchartrain. He had married a waiting-maid of the marquise de Sourches and had taken the additional surname of Bourvallais and the arms of the noble family of Poisson with which he had no connexion. His reputation was known throughout Europe: he narrowly escaped sharing in La Noue's bankruptcy and, in a popular rhyme, the pillory to which La Noue was condemned was made to say:

De financiers jadis laquais
Ainsi la fortune se joue:
Je vous montre aujourd'hui La Noue,
Vous verrez bientôt Bourvallais.

He was supposed to be worth 15,000,000 *livres*, the fruit of innumerable appointments and contracts, was lord of fifteen *seigneuries* in Brie, had a *château* at Champs on the

Marne, and filled his handsome house and stables in the place de Vendôme with costly furniture and horses and a library which it was said he bought by long measure. In 1710 he paid Desmarets 600,000 *livres* for the charge of secretary in ordinary to the council of state and keeper of its archives and minutes, in face of the objections of the other secretaries, who were scandalised by the admission of 'the worst of the *maltôtiers*.' His retribution arrived under the regency, when, in spite of powerful protection, he was imprisoned and fined and his property was forfeited. Nevertheless, he contrived to recover a substantial portion of his goods and died in 1719 a rich man. Here we have, at any rate, a notoriety whose name was in everybody's mouth and would occur at once to the spectator of the fall of Turcaret and the fortunes of Frontin and Lisette.

A more respectable character in the financial world was the banker Samuel Bernard (1651–1739), whose sensational bankruptcy was impending at the time of the play. Bernard, the son of an engraver at Charenton, had bought an estate in Languedoc as early as 1681, and was ennobled in 1699 for his services in various capacities to the Crown. 'He was,' says Saint-Simon, 'the richest man in Europe, with the largest and best established financial business: he knew his power and required to be courted accordingly. The controllers general, who had need of him much more often than he of them, paid him the greatest distinction and respect.' His weakness was a love of proper attention, and Desmarets, early in his controllership, when he already was heavily in Bernard's debt and did not know where to turn for money, contrived to play upon it by persuading the king to flatter Bernard. The banker was

xxvi INTRODUCTION

invited to discuss business with Desmarets in the pavilion
which the minister occupied at Marly. As the king was
taking the ceremonial morning promenade which was one
of the regular diversions of Marly, Desmarets and Bernard
met him at the door of the pavilion. Louis welcomed
Bernard graciously, invited him to accompany him and
showed him the gardens, with the result that Bernard
consented to make a large advance to Desmarets, saying
that he would rather risk ruin than embarrass the king
who had done him so much honour.

In January 1708-9 Bernard was unable to meet his
liabilities, and on 4 February the king's council granted
him a further suspension of payment. Later in the year,
Desmarets supported him against a powerful coalition of
rivals by giving him three years in which to convert his
bills and various assignations into cash, paying interest
meanwhile to holders of bills who should put in a claim.
Bernard's bankruptcy, therefore, although it had serious
consequences for his associates and customers, was not
exactly disadvantageous to himself. He never recovered
his credit in the commercial district of which Lyon,
previously his financial head-quarters, was the centre,
but he passed his old age at Paris in high esteem. His
house, says Hénault, who visited it in his youth, was a
centre of gaming and good cheer and the *rendez-vous* of the
best society. His personal character was a strange mass
of contradictions; and, while essentially a *nouveau riche*,
he was superior alike to the pretentious *bourgeois* and to
the insolent *partisan*. Hénault's judgment is interesting
in the present context. 'Not M. Jourdain, not Turcaret,
unlike any character of the comic stage, for there has
never been an absurdity of his type. He had an extrava-

gant arrogance which was in some degree an ennobling
quality; his insolence was sincere; all that was finest in his
character contributed to his ruling passion; and half of it
was due merely to his wealth. The most ridiculous praise
was but a shadow of his own pretentions : he had served the
king in the army; another Phorbas, he remembered having
been at the siege of Troyes; he had fought duels; he had
made love to the most beautiful princesses of Germany
(where he had never been); he would tell stories of the
fêtes which he had given them, etc., etc. But he kept great
state; he gambled and the finest company was to be found
at his house. I should add that, whatever his motive may
have been, he was generous; that he gave valuable services;
and that, especially among the military class, he lent his
help to great pieces of fortune and prevented serious
catastrophes.' It is obvious that, with all his vanity,
Bernard was no mere amusing dupe like M. Jourdain,
whose head was turned by any person of fashion who came
his way; while his kindly qualities placed him on a different level from the mercenary Turcaret, whose selfish folly
is unredeemed by any good trait. It might have been said
of him, as the servile M. de Marsan said of Bourvallais,
that he was the mainstay of the state; but, in his case, the
retort that the cord is the mainstay of the hanged criminal
would have been too unkind to be applicable.

The suspension of Bernard's payments and the consternation of his creditors were hardly a fortnight old
when *Turcaret* was acted. On 5 January a severe frost had
set in and for the next two months the cold was pheno-
menal. Even the sea was frozen near the coast and, after a
short thaw, a second frost destroyed the prospect of
harvest and killed all the fruit-trees. At no time could an

attack upon *Messieurs des finances* have been more oppor-
tune. As the year went on, their unpopularity was
heightened by a general famine. It was believed that they
had seized the opportunity to buy up the food-supplies in
the markets through their agents and sell them at their
own price for the king's profit, not forgetting themselves.
Taxes rose and were mercilessly exacted; the soundest
government investments were suspended or delayed payment. Saint-Simon says that money seemed to have
vanished from the kingdom, everyone was insolvent,
commerce was at an end, credit a thing of the past. Meanwhile, the Crown and the financiers suffered no loss. The
king quashed the protests made by the Parlements:
d'Argenson, the lieutenant of police in Paris, controlled
the markets in the royal interest and suppressed the bread-
riot which took place in August. A new tax was levied
with the ostensible purpose of relieving the poor; and this,
while it curbed voluntary charity, was actually made perpetual, appropriated to the Crown and farmed out, like
the rest of the royal revenue, to the financiers.

Heroic means were taken to relieve the crushing weight
of debt by which the revenues were burdened. The rich
were invited, not for the first time, to send their gold and
silver plate to be melted down into coinage, a request to
which they made a cold response. Coin was scarce and
paper money was discredited. Early in 1709 the *louis d'or*
was worth only 12½ *livres*, the silver *écu* less than 3½ *livres*.
In April the existing coinage was called in and a new
coinage was proclaimed. The intrinsic value of the *louis*
issued under this edict was 16½ *livres*, of the *écu* about 4½
livres, but they were given a nominal currency of 20 and
5 *livres* respectively. It was found impossible to cope with

the press of applicants who wished to exchange their old coin and paper money for the new specie, which, as soon as it was manufactured, found its way to the army or to the *protégés* of ministers; and promissory notes for an indefinite period took the place of payment. Thus, while the Crown and its officials made their profits, individuals and commerce generally suffered. The fictitious currency was lowered with the coming of peace in 1714, when the *louis* was valued at 14, the *écu* at 3½ *livres*. Subsequently, under the regency, new *louis* and *écus* were coined with an intrinsic value of 20 and 5 *livres*.

It will thus be seen that *Turcaret* is a satire upon a long existing abuse which had reached a climax when the play was produced.

The type, in the prominence given to it by Lesage, was new to the stage. It had not been neglected, however; and Chamfort, who has been followed by other French critics, is not altogether correct in his statement that Molière 'who spared nothing, had not launched a single dart against the financiers.' M. Harpin, the receiver of taxes in *La Comtesse d'Escarbagnas* (1671), although the sketch is slight, plays a part very similar to that played by Turcaret as the milch-cow of a silly woman of fashion and her lovers. The name Harpin implies the estimation in which Molière held the *maltôtier*, whose exactions Colbert had been able to check, but not to repress, and his violent rudeness is thoroughly in keeping with the brutal age of the more easily duped Turcaret. Harpin takes a place, if not a very prominent one, among the portraits of aspiring *bourgeois* whose pretentions to fashion Molière satirised inimitably: he has a companion in misfortune in the person of the lawyer Tibaudier, who addressed the *com-*

tesse in strains as halting, if not quite so prosaic, as those of Turcaret's tribute to the *baronne*. Both Harpin and Turcaret have thus something in common with the famous type caricatured in *Le Bourgeois Gentilhomme* (1670). They are as ready to be flattered by men and women of fashion for the sake of their money and entertainments, and it is conceivable that Turcaret might have been victimised by the ludicrous deceptions to which M. Jourdain lent himself. But there is an essential difference, as Hénault implies, in the passage already quoted, between the tradesman who neglects his father's business to learn social accomplishments and play the gentleman and the financier whose extravagances are a calculated, if excessive, item upon the debit side of his balance-sheet.

The financier begins to take a recognised place in comedy with the successors of Molière. The career of Gourville proves that he was by no means a social novelty; but his invasion of society and his powerfulness as a factor in the decline of manners were certainly not so apparent then as they became later. The passage, already mentioned, from La Bruyère's *Caractères*, printed in 1687, is an early indication of the prominence which the *homme d'affaires* acquired in a social atmosphere in which vice was losing its disguise. La Bruyère concealed the *partisans* under the easily read initials P.T.S. While he was severe enough upon their luxury, he judged them with some charity, regarding their existence as a source of profit to the moralist. They 'make us experience all the passions in succession: we begin by despising them for their obscurity; then we envy and hate them. Sometimes we esteem and respect them; we live long enough to feel compassion at last for them.' On the comic stage, however, such estimable qualities as they possessed were disregarded. Dancourt, the most facile and prolific writer of comedies at the end of the seventeenth century, found in their wealth and vulgar expense a continual source of malicious amusement. In *L'Été des Coquettes* (1690), M. César-Alexandre Patin is the willing dupe of the coquette Angélique; his *billets-doux* are accompanied by money and worded and dated like promissory notes. '*Messieurs les financiers*, however,' says the waiting-maid, 'understand their business perfectly: if they spend such a lot upon ladies in summer, they have the whole winter on the other hand to nurse their money'; and M. Patin himself escapes something after the manner of M. Harpin in Molière's play. The *comte* in *Les Bourgeoises de Qualité* (1700) designs to marry a law-writer's widow with 20,000 crowns in cash and enter the finances. His rival, a rich solicitor who is on the point of buying a marquisate, says, 'A man of your quality in finance?' 'Why not?' answers the *comte*: 'The financiers buy our lands, they usurp our titles and even our names. Where's the absurdity in taking up their trade, if one can be in a position some day to come back to one's house and one's appointments?' Dancourt, as M. Jules Lemaître has pointed out, while paving the way for *Turcaret*, adds something to the portrait in Trapolin of *Les Agioteurs*, in whom we see the financier at business in his office, concentrated upon the professional duties of which Lesage gives us only a glimpse in Turcaret's conversation with M. Rafle.

Equally pointed are Dancourt's pleasantries at the expense of the lackeys who, like Gourville, rose upon the favours procured for them by their masters. Boileau in

1660 had satirised the type of which Gourville, then at the height of his fortune, was a living example:

> Que George vive ici, puisque George y sait vivre,
> Qu'un million comptant, par ses fourbes acquis,
> De clerc, jadis laquais, a fait comte et marquis.

Madame de Sévigné in 1676 tells the story of Madame de Cornuel, who called on the financier Louis Berryer, himself an ex-lackey and bailiff who had risen under Mazarin, to obtain redress for some exaction. She was kept waiting in an ante-room full of lackeys. 'There came in some kind of an honest man who told her that she was out of place there. "Heigh-ho!," said she, "I am quite comfortable where I am; I am not afraid of them while they are still lackeys."' The serving-man, in fact, had his career made for him: as Montesquieu remarked in the *Lettres Persanes*, at the culminating point of the financial scandals of the regency, his class was 'a seminary for noblemen.' Crispin in Dancourt's *Le Chevalier à la Mode* has ambitions beyond those of Frontin in *Turcaret*, who is content with a plebeian wife and would not exchange the partnership of the astute Lisette for the empty privilege of the *baronne's* affections. Crispin is ready to take a lady of quality off his master's hands. He 'has no taste for waiting-maids.' 'If,' he says, 'it were true that *madame la baronne* would be content with only one husband, I would do for her as well as anyone else. She might even marry me out of spite. Less likely things than that happen every day, and I shouldn't be the first lackey to cut the ground under his master's feet.' The Crispin of Lesage's earlier comedy looks forward to a brilliant future. 'How tired I am of being a valet! Well, Crispin, it's your own fault! You have always been a trifler; you ought to make a name in

finance as soon as you can... With an intelligence like
mine, *morbleu!*, I might have gone bankrupt more than
once by now.' The point of the last remark can be appreciated from the facts of Samuel Bernard's bankruptcy.
Crispin and his friend La Branche meet with the natural
reward of their knavish industry. M. Oronte recognises
their *esprit* and gets them posts in the finances, 'to make
honest men of them.' La Branche is launched in life as a
commis or financial agent, while Crispin is to marry a sub-
contractor's god-daughter and promises to endeavour by
his compliance to deserve all his god-father's kindnesses.

Such ironic allusions, however, to the *honnête partisan*
and his characteristics are incidental; and even Lesage himself, in *Le Diable boiteux*, where we might have expected
a full delineation of so familiar a type, has only one or two
sarcasms at his expense. Turcaret, on the other hand, is
the centre of the play which bears his name. We could
gather all his traits from other sources, his low birth, his
rise from valetdom to importance, his marriage with a
woman whom he leaves to look after herself in the provinces upon an irregularly paid pension, his dealings with
other *partisans* in Paris, his attempts at modishness in
rivalry with chevaliers and marquises, his unscrupulous-
ness and rapacity, his vulgar ostentation and the sudden
downfall of his schemes. These all belong to the type and
had already been faithfully reproduced in comedy and
satire. But they had never been set in such striking relief
before. Turcaret emerges from the conventional social
setting of French comedy as the perfect portrait of the
traitant, vulgar, impudent and domineering. 'One is never
so easily deceived,' says La Rochefoucauld, 'as when one
imagines that one is deceiving other people'; and the cen-

tral point of the intrigue of the play is the failure of Turcaret, while he thinks that he and his money have control of the situation, to see that his ruling passion is the sport of persons no less worthless but more accomplished than himself.

III.

Turcaret is thus the picture of the easily recognised qualities of a social type. This is true of the other characters of the play and of the *dramatis personae* of French comedy in general. That comedy, which reaches its highest pitch of characterisation in Molière, originates in what was known upon the Elizabethan stage as the 'comedy of humours.' While it fulfils the task of all creative genius in criticising life, its primary method is to paint the surface of contemporary society and exhibit character by laying emphasis upon the special peculiarity or ambition which distinguishes its members in relation to one another. Shakespeare from time to time produced portraits of this kind: Shylock and Malvolio, still more Ancient Pistol, are drawn with a single quality prominent above all others. On the other hand, Shakespeare's personal humour, the power of recognising and reproducing the seriousness and triviality which are inseparably combined in every incident of life, complicates his characters. Portia and Rosalind, Hamlet and Falstaff, cannot be summarised in a word as types of distinctly marked characteristics: they are real men and women whose words and actions are prompted by conflicting motives and are open to misconception by the audience. The 'comedy of humours,' of which Ben Jonson affords the most striking English example, is constructed upon an entirely different principle. Knowledge of the world takes the place of knowledge of the human heart: personal humour, though not absent, is modified by a prevailing spirit of irony and satiric observation. The world is seen as a collection of 'humours' or ruling passions jostling each other. Each person on the stage is the creature of a single motive which no-one can mistake, and the scene has a tendency to become a conflict of certain abstract qualities, each personified in an appropriate shape.

The merits and defects of this species of comedy are obvious. Where, as in Ben Jonson's two greatest plays, *Volpone* and *The Alchemist*, the dramatist seizes upon a particular situation to which the special 'humour' of each character makes its own contribution—where, that is to say, all the ruling passions converge upon a central point, the personages, in spite of their limitations, acquire a living interest and at their best become permanent symbols of the qualities which they represent. Where, on the other hand, as in Jonson's *Every Man Out of his Humour*, they are merely a group of casual oddities without any real connecting link, they are of little interest for their own sake and the play depends upon a vivacity of dialogue which, in the case alluded to, is not consistently maintained. It is, however, the crowning merit of this type of work that, dealing as it does with the outward manifestation of character, and not with its springs, which require a setting to some extent imaginative and ideal, it finds its sources most readily in the social life of its age. The comedy of humours, with its tendency to caricature restrained and the occasional exuberance of its satire refined into a consistent irony, becomes the comedy of manners. The invention of novel 'humours,' with the strain and frequent absurdity which it involves, ceases. In Jonson's *Bartholo-*

mew Fair each character has his humour, the king Charles' head which he cannot keep out of his conversation, but he also has his definite quality as a social type in a connected picture of contemporary manners. In such plays the dramatist fixes his attention upon the familiar types which play their part in the world round him and constitute the chief part of his audience. The coquette, the dandy, the money-lender, the miser, the lawyer, the bailiff, become his regular stock in trade: his task is to vary the intrigue of which they form the invariable part and supply them with a constant flow of witty and amusing dialogue.

Our own Restoration drama furnishes a body of striking examples of this power of delineating contemporary manners with the aid of skilful intrigue and brilliant dialogue; but, with a few exceptions of which the greater number are to be found in Congreve's comedies, the types of character are repeated without much individuality. For the transformation of the type into the individual we must go to Molière. His subject is the manners of his day: his characters, under their conventional names, Oronte, Orgon, Alceste, Dorante or Célimène, are all taken from the typical people whom he and his audience knew. His great power is the concentration with which he grasped one ruling passion as the focus of a plot and employed his *dramatis personae* to set it in relief. This passion or, in his lighter comedies, this foible is clearly indicated in his titles, *L'Avare, Le Misanthrope, Le Bourgeois Gentilhomme, Les Précieuses Ridicules*. Its possessors are the objects on which his whole force is directed, and the characters all combine to illustrate it. In his greatest and most serious play, no-one forgets Tartuffe for a moment: his dupes think of nothing else; their enlightened relations and dependents make it their one business to expose his real character. That character itself is simple, hypocrisy masking avarice and lust under a rather transparent show of devoutness. But, by the subordination of the whole action of the play to it, Tartuffe becomes the supreme type of the religious hypocrite in literature, quite apart from his importance as a contemporary portrait; while his effect upon the other persons is used to bring out their own individuality and raise them above a merely typical level. It is from them, too, that those running comments proceed which give Molière's comedies their pre-eminently literary and poetic value. His conception of character is simple: his comedy is the comedy of manners; but the superficial treatment which is natural and permissible in such circumstances is rejected, and the manners of the play become a permanent reflexion of life.

In the consistent power of illustrating human weaknesses, common to every age, by pictures founded upon contemporary manners, Molière stands alone. The comic dramatists of the succeeding age were quite content to skim the surface of society; and if, as has been said already, M. Jourdain and Turcaret represent very different types of the social pretender, it is also true that, while M. Jourdain is one of the laughable figures of all time, Turcaret belongs exclusively to his own age. The society of Lesage's and Dancourt's comedies is of as purely historical interest as the equally dissolute and more openly brutal society of the Restoration drama. Its characters are all stock figures; even its incidents are stock incidents. The chevalier of *Turcaret*, a chevalier of Paris, as Marine wittily explains, is Dancourt's *Chevalier à la Mode* over again. M. Migaud in Dancourt's play describes the type: 'He is a very marked kind of man; he has usually five or six affairs with as many fair ladies; he promises to marry them all in turn, according to his need, more or less, of money; one of them looks after his coach and horses; another provides him with the wherewithal for play; a third keeps his tailor from suing him; another pays for his furniture and rooms; and all these dames are just so many farms which bring him in a fat income.' He has no name of his own: the title of chevalier is a sufficient indication of his quality. Similarly, the marquis and the *baronne* are recurrent types which need no special name, although Lesage, with his love for comic names with an allusive meaning—a taste shared by Dancourt and by many other writers of the age—incidentally invents titles for them as the play goes on. Frontin and Lisette, again, and Marine, the comparatively honest waiting-maid, with Jasmin the page, were all well known upon the stage: Frontin, like Crispin, is merely a stage synonym for a valet, while Lisette is the most ordinary name for a *soubrette*. The *baronne*, her household and the gentlemen who frequent her *salon* are as much stereotyped conventionalities of comedy as the masks of the Italian pantaloon play, the accepted means by which the dramatist conveys his wit to the audience.

If no invention of character is thus required, we have seen that Lesage at any rate gave a novel prominence to the type represented by Turcaret. It is also to be noticed that the figures employed to contribute to the result of the main intrigue are drawn with much originality and with an insistence upon detail which was unnecessary in the case of such invariable stage-properties as the chevalier and the *baronne*. They are, of course, constructed, like the others, with primary reference to a general type. M. Rafle with his memorandum of Turcaret's embarrassments, M. Furet with his dirty neckcloth and sheriff's writ, are the harpies who follow in the train of the gambler and financial speculator: they belong to the world of Sampson Brass and his sister and their names are guides to their occupations. Madame Jacob, the *revendeuse à la toilette* and *entremetteuse*, is the representative of

> Tous ces gens qui sous main travaillent chaque jour
> À faire réussir les mystères de l'amour,

and has many prototypes from the Frosine of Molière's *L'Avare* onwards. Madame Turcaret, the ignorant provincial to whom Valognes is the centre of the universe, belongs to the same genus as Vivien in Dancourt's *Les Vendanges de Surêne*, whose family 'is one of the best families in the provinces, look you! We have had, one after another, four bailiffs of Gisors, all four doctors and all from father to son. That's a fine thing, *madame.*' But Lesage contrives to show us Rafle and Furet in their habit as they lived. Madame Jacob is the most natural character in the play; and the revulsion of feeling with which at the end of the play she runs to the succour of the brother who has disowned her in his prosperity is the one *beau trait* of the piece, for Marine's faithful criticism of her mistress, if straightforward, is prompted by her calculation of the advantage to be derived from the support of Turcaret's suit. If too highly caricatured to be life-like, Madame Turcaret is more distinct and far more amusing than Dancourt's *bourgeoises* who aspire to lead the fashions in small towns or incur ridicule by their visit to the camp at Compiègne. Her revelations of the diversions of Valognes are one of the best features of the comedy: in a few strokes

Lesage outlines one of those provincial cliques of spurious culture, gossip and a dingy mimicry of fashion which, more than a century later, Balzac drew with minute detail at Angoulême and Issoudun. Once more, Flamand, the stupid lackey, on his way to be *déniaisé* at Falaise, although his part is slight, has individual touches which bring him into relief against the more conventional Frontin.

Turcaret has no real plot or story. The unities are strictly preserved without effort. A situation is developed through five acts in a single room and a few hours. Turcaret makes love to the *baronne*, the *baronne* is in love with the chevalier, the chevalier uses the *baronne* for his own ends. He cheats her, she cheats Turcaret, Turcaret cheats the world; and Frontin and Lisette get the benefit of the mutual deception. The marquis gets his amusement out of the scene and aids the subordinate characters in their work of exposing Turcaret and confounding the *baronne* and chevalier. As we have said, the incidents of this intrigue required little invention. Turcaret's method of wooing by the jewels and bills of exchange whose adventures we follow through the five acts are those of Dancourt's M. Patin. The portrait which the chevalier uses as a means of getting supplies from the *baronne* may be found in Dancourt's *Les Vacances*. Turcaret's destruction of the *baronne's* china recalls the rage of Arnolphe, as overheard by Horace, in *L'École des Femmes*, or the freak of the lady in Dancourt's *La Maison de Campagne* who broke her host's Delft ware because it was not the best porcelain. Or, again, the *baronne's* introduction of the chevalier to Turcaret as her cousin has its exact counterpart in Dancourt's chevalier's explanation to the financier's widow that his *baronne* is his cousin german.

These stock characters and old expedients are maintained and revived, as we have shown, by the novel importance given to Turcaret and by the skill with which the subordinate figures are presented. Otherwise, the comedy would not rise above the general level of Dancourt's numerous productions, pleasant and amusing to read, fertile in their employment of limited resources, but one very much like another. Dancourt's unfailing gift was his command of lively dialogue; and in this respect Lesage, while he was his equal, can hardly be said to surpass him. In one direction in which Dancourt excelled, the imitation of provincial *patois*, Lesage makes the very slightest attempt: in the cases of Flamand and Madame Jacob, it is indicated to the actors merely by a few casual vulgarisms. The dialogue of *Turcaret*, sprightly as it is even to excess, has an uniform cleverness which belongs to the author rather than to the characters themselves. The *critique* by Asmodée and Don Cléofas which was introduced at the beginning and end of the play is hardly necessary. Lesage tells us through the mouths of his puppets what we are to think about them, without allowing them to speak for themselves; and such traits of individuality as we have noticed arise rather from the skill with which they are pitted against each other on the stage than from their actual words. Each becomes an ironic commentary on the other, and it is difficult to avoid the suspicion that all are equally conscious of the irony of a situation of which we are assured that they are the dupes. The *baronne* in real life is vain and stupid, capable, no doubt, of playing off Turcaret against the chevalier with whom she is infatuated, but certainly incapable of the *esprit* which she shows in her dialogue with both: if this were natural, her conduct would reflect its clear-sightedness and she would be able to meet Frontin and Lisette on their own ground instead of being easily overreached by them. It is only in the detached figure of the marquis that we really hear a character speak with his own voice: the author himself is never far behind all the rest. For the ease and vivacity, however, with which he turns from one figure to another, there cannot be sufficient praise. His own style is free and natural enough and he delivers himself of his wit without visible effort.

The picture of manners in *Turcaret* is unedifying. The play is, in one sense, a satire on society: it is an unveiled attack upon a particularly disagreeable species of social pest and reflects by implication upon the class which accepted him and flattered his weaknesses. But the moral purpose which points genuine satire is wanting. Compared with the indignation with which Molière brought all his powerful resources to bear on Tartuffe, *Turcaret* is a trifle. It is purely a picture of what was happening every day in a declining and corrupt society. Not one of the characters calls for our sympathy: all, even Marine, work for selfish ends; and, if the whole company were arrested for roguery at the end of the piece, we should feel that they had got no more than they deserved. Turcaret meets with condign justice and the *baronne* and chevalier are left at their wits' end; but vice and folly receive no damage, and the financiers who witnessed the play, if ostensibly indignant at the slur which it cast upon their honest calling, could console themselves with the success of Frontin and the reflexion that Turcaret was a mere *pied-plat* whom none of them would admit to his *parti*. The moral of the play, if it can be said to have any, is merely that, among rogues, the adroitest is bound to succeed.

Looking back at Molière's plays, it cannot be said that the manners which they reflect are altogether delightful. Dorante, in *Le Bourgeois Gentilhomme*, has points in common with Lesage's chevalier: the conduct of the two gentlemen in *Les Précieuses Ridicules* is, from a modern point of view, incredible. Molière's morality, further, is often of a purely worldly-wise order: witness Chrysalde's discourse to Arnolphe upon an husband's honour in *L'École des Femmes*, and Philinte's pliant concessions to politeness in *Le Misanthrope*. But Molière generally opposes to the vice or foible which he chooses to satirise a body of characters who are in an honest conspiracy on behalf of virtue or common-sense; and from these we recognise that, whatever may have been the cardinal faults or excesses of his age, there was still a strong agreement of public opinion against them and in favour of the social order which they threatened. The family life of Orgon's household in *Tartuffe* or of M. Jourdain's was still a powerful influence against the deception and mystification to which their masters submitted. An audience which could approve and relish the weighty declamations and monologues, satires in themselves, that are the chosen vehicle of Molière's reflexions on life, had a well-defined idea of right and wrong; and the long opposition to the production of *Tartuffe* on the ground that it satirised religion is a proof of the power which Molière exercised upon such an audience and of the severity with which the double-edged weapon of comedy could fall upon conscious guilt.

The opposition which *Turcaret* encountered, thirty-three years after Molière's death, had far less reason behind it; for Lesage's satire upon a privileged class is merely diverting and mischievous and had no ideal to set up against the

object of its attack. Nevertheless, *Turcaret*, whatever it
may lack in force and gravity, fulfils George Meredith's
definition of comedy as 'a game played to throw reflections
upon social life.' The life which it mirrors was frivolous
and corrupt. We have already seen that the turning-point
of Louis XIV's reign was reached at Colbert's death in
1683. The exhaustion which after that date preyed upon
the finances and the army attacked the court and the
whole nation. The marriage of Louis to madame de Maintenon in 1685 was closely followed by the removal of the
religious toleration which had been one of the safeguards
and glories of the French monarchy. Tartuffe, as Sainte-
Beuve says, triumphed at court, where an outward semblance of religion and decorum gave the appearance of
decency to the heartlessness, cynicism and petty intrigue
which the memoirs of the time reveal in detail. Intellect
and liberty of thought were regarded with suspicion by a
king who, sincerely orthodox but ignorant in matters of
religion, was entirely under the control of his Jesuit ad-
visers; and the year in which *Turcaret* was produced saw
the wanton destruction of Port-Royal, the asylum of religious and intellectual freedom. The nation was oppressed
to maintain the costly and tedious splendour of Versailles
and Marly, which had lost its excuse. It is true that, amid
the miseries of 1709, France made a final effort to recover
her old prestige and that, at great cost to herself, she
redeemed within the next few years her continued ill-
success in war; but the listlessness and aimlessness which
had fallen upon the court were reflected throughout the
nation, and, when, after a swift succession of family losses,
Louis XIV died unregretted in 1715, leaving the throne to
his great-grandson, the monarchy had lost its permanent

hold on the national affection and the Revolution, though as yet far off and unforeseen, became inevitable. It is the decaying society of this melancholy age which Lesage paints in *Turcaret*, selfish, greedy, absorbed in play and vulgar pleasures. It is significant of the change which had taken place between the epoch of *Tartuffe* and that of *Turcaret*, that, while the embargo laid upon *Tartuffe* was removed, under the influence of *le grand* Condé, by the king himself, to whom Molière addressed the panegyric that concludes the play, in the case of *Turcaret* the king took no action. The prince

> ennemi de la fraude,
> Un prince dont les yeux se font jour dans les cœurs,
> Et que ne peut tromper tout l'art des imposteurs,

was become the *roi des maltôtiers* to whose subjects' ears such phrases would have sounded as polite irony. The defence of the play was left to the dull and boorish Monseigneur. The less serious piece deserved the less imposing support; but it is at any rate a credit to a prince of whom little else of permanent interest is recorded and of whom his contemporaries have left far from flattering portraits that he consented to champion a play which, if trifling when compared with the great masterpieces of the comic stage, successfully inaugurated in France the true comedy of manners.

NOTE

For the text of the play that given in the collected edition
of Lesage's works (1821) has been followed. In more
modern editions of *Turcaret* the scenes are considerably
re-arranged : the dialogue is abbreviated in places and
new stage directions substituted for old with less detail.

TURCARET

COMÉDIE

REPRÉSENTÉE, POUR LA PREMIÈRE FOIS,

LE 14 FEVRIER 1709

PERSONNAGES

M. TURCARET, traitant, amoureux de la baronne

Mme TURCARET, épouse de M. Turcaret

Mme JACOB, revendeuse à la toilette, et sœur de M. Turcaret

LA BARONNE, jeune veuve coquette

LE CHEVALIER,⎫
LE MARQUIS, ⎬ petits-maîtres

M. RAFLE, commis de M. Turcaret

FLAMAND, valet de M. Turcaret

MARINE,⎫
LISETTE,⎬ suivantes de la baronne

JASMIN, petit laquais de la baronne

FRONTIN, valet du chevalier

M. FURET, fourbe

La scène est à Paris, chez la baronne.

TURCARET

---◆---

ACTE PREMIER

SCÈNE PREMIÈRE

LA BARONNE   MARINE

MARINE

Encore hier, deux cents pistoles?

LA BARONNE

Cesse de me reprocher...

MARINE, *l'interrompant*

Non, Madame, je ne puis me taire; votre conduite est insupportable.

LA BARONNE

Marine!

MARINE

Vous mettez ma patience à bout.

LA BARONNE

Eh! comment veux-tu donc que je fasse? Suis-je femme à thésauriser?

MARINE

Ce serait trop exiger de vous; et cependant je vous vois dans la nécessité de le faire.

LA BARONNE

Pourquoi?

I—2

MARINE

Vous êtes veuve d'un colonel étranger qui a été tué en Flandre, l'année passée. Vous aviez déjà mangé le petit douaire qu'il vous avait laissé en partant, et il ne vous restait plus que vos meubles que vous auriez été obligée de vendre, si la fortune propice ne vous eût fait faire la précieuse conquête de M. Turcaret, le traitant. Cela n'est-il pas vrai, madame?

LA BARONNE

Je ne dis pas le contraire.

MARINE

Or ce M. Turcaret, qui n'est pas un homme fort aimable, et qu'aussi vous n'aimez guère, quoique vous ayez dessein de l'épouser, comme il vous l'a promis, M. Turcaret, dis-je, ne se presse pas de vous tenir parole, et vous attendez patiemment qu'il accomplisse sa promesse, parce qu'il vous fait tous les jours quelque présent considérable: je n'ai rien à dire à cela. Mais ce que je ne puis souffrir, c'est que vous soyez coiffée d'un petit chevalier joueur qui va mettre à la réjouissance les dépouilles du traitant. Eh! que prétendez-vous faire de ce chevalier?

LA BARONNE

Le conserver pour ami. N'est-il pas permis d'avoir des amis?

MARINE

Sans doute, et de certains amis encore dont on peut faire son pis-aller. Celui-ci, par exemple, vous pourriez fort bien l'épouser, en cas que M. Turcaret vînt à vous manquer; car il n'est pas de ces chevaliers qui sont consacrés au célibat et obligés de courir au secours de Malte. C'est un chevalier de Paris; il fait ses caravanes dans les lansquenets.

Oh! je le crois un fort honnête homme.

MARINE

J'en juge tout autrement. Avec ses airs passionnés, son ton radouci, sa face minaudière, je le crois un grand comédien; et ce qui me confirme dans mon opinion, c'est que Frontin, son bon valet Frontin, ne m'en a pas dit le moindre mal.

LA BARONNE

Le préjugé est admirable! et tu conclus de là?

MARINE

Que le maître et le valet sont deux fourbes qui s'entendent pour vous duper; et vous vous laissez surprendre à leurs artifices, quoiqu'il y ait déjà du temps que vous les connaissiez. Il est vrai que depuis votre veuvage il a été le premier à vous offrir brusquement sa foi; et cette façon de sincérité l'a tellement établi chez vous qu'il dispose de votre bourse, comme de la sienne.

LA BARONNE

Il est vrai que j'ai été sensible aux premiers soins du chevalier. J'aurais dû, je l'avoue, l'éprouver avant que de lui découvrir mes sentiments, et je conviendrai, de bonne foi, que tu as peut-être raison de me reprocher tout ce que je fais pour lui.

MARINE

Assurément, et je ne cesserai point de vous tourmenter, que vous ne l'ayez chassé de chez vous; car enfin, si cela continue, savez-vous ce qui en arrivera?

LA BARONNE

Eh! quoi?

MARINE

M. Turcaret saura que vous voulez conserver le chevalier pour ami; et il ne croit pas, lui, qu'il soit permis d'avoir des amis. Il cessera de vous faire des présents, il ne vous épousera point; et si vous êtes réduite à épouser le chevalier, ce sera un fort mauvais mariage pour l'un et pour l'autre.

LA BARONNE

Tes réflexions sont judicieuses, Marine; je veux songer à en profiter.

MARINE

Vous ferez bien; il faut prévoir l'avenir. Envisagez dès à présent un établissement solide. Profitez des prodigalités de M. Turcaret, en attendant qu'il vous épouse. S'il y manque, à la vérité on en parlera un peu dans le monde; mais vous aurez, pour vous en dédommager, de bons effets, de l'argent comptant, des bijoux, de bons billets au porteur, des contrats de rente, et vous trouverez alors quelque gentilhomme capricieux, ou malaisé, qui réhabilitera votre réputation par un bon mariage.

LA BARONNE

Je cède à tes raisons, Marine; je veux me détacher du chevalier, avec qui je sens bien que je me ruinerais à la fin.

MARINE

Vous commencez à entendre raison. C'est là le bon parti. Il faut s'attacher à M. Turcaret, pour l'épouser, ou pour le ruiner. Vous tirerez du moins, des débris de sa fortune, de quoi vous mettre en équipage, de quoi soutenir dans le monde une figure brillante, et, quoi que l'on puisse dire, vous lasserez les caquets, vous fatiguerez la médisance, et l'on s'accoutumera insensiblement à vous confondre avec les femmes de qualité.

LA BARONNE

Ma résolution est prise, je veux bannir de mon cœur le chevalier. C'en est fait, je ne prends plus de part à sa fortune, je ne réparerai plus ses pertes, il ne recevra plus rien de moi.

MARINE, *voyant paraître Frontin*

Son valet vient; faites-lui un accueil glacé. Commencez par-là le grand ouvrage que vous méditez.

LA BARONNE

Laissez-moi faire.

SCÈNE II

LA BARONNE   MARINE   FRONTIN

FRONTIN, *à la baronne*

Je viens de la part de mon maître et de la mienne, madame, vous donner le bonjour.

LA BARONNE, *d'un air froid*

Je vous en suis obligée, Frontin.

FRONTIN, *à Marine*

Et mademoiselle Marine veut bien aussi qu'on prenne la liberté de la saluer?

MARINE, *d'un air brusque*

Bonjour et bon an.

FRONTIN, *à la baronne, en lui présentant un billet*

Ce billet que M. le chevalier vous écrit, vous instruira, madame, de certaine aventure...

MARINE, *bas à la baronne*

Ne le recevez pas.

LA BARONNE, *prenant le billet des mains de Frontin*

Cela n'engage à rien, Marine... Voyons, voyons ce qu'il me mande.

MARINE, *à part*

Sotte curiosité!

LA BARONNE, *lisant*

'Je viens de recevoir le portrait d'une comtesse. Je vous 'l'envoie et vous le sacrifie; mais vous ne devez point me 'tenir compte de ce sacrifice, ma chère baronne. Je suis si 'occupé, si possédé de vos charmes, que je n'ai pas la 'liberté de vous être infidèle. Pardonnez, mon adorable, si 'je ne vous en dis pas davantage; j'ai l'esprit dans un 'accablement mortel. J'ai perdu cette nuit tout mon 'argent, et Frontin vous dira le reste.

LE CHEVALIER.'

MARINE, *à Frontin*

Puisqu'il a perdu tout son argent, je ne vois pas qu'il y ait du reste à cela.

FRONTIN

Pardonnez-moi. Outre les deux cents pistoles que madame eut la bonté de lui prêter hier, et le peu d'argent qu'il avait d'ailleurs, il a encore perdu mille écus sur parole; voilà le reste. Oh! diable, il n'y a pas un mot in-utile dans les billets de mon maître.

LA BARONNE

Où est le portrait?

FRONTIN, *lui donnant un portrait*

Le voici.

LA BARONNE, *examinant le portrait*

Il ne m'a point parlé de cette comtesse-là, Frontin.

FRONTIN

C'est une conquête, madame, que nous avons faite sans y penser. Nous rencontrâmes l'autre jour cette comtesse dans un lansquenet.

MARINE

Une comtesse de lansquenet !

FRONTIN, *à la baronne*

Elle agaça mon maître. Il répondit, pour rire, à ses minauderies. Elle, qui aime le sérieux, a pris la chose fort sérieusement. Elle nous a, ce matin, envoyé son portrait. Nous ne savons pas seulement son nom.

MARINE

Je vais parier que cette comtesse-là est quelque dame normande. Toute sa famille bourgeoise se cottise pour lui faire tenir à Paris une petite pension, que les caprices du jeu augmentent ou diminuent.

FRONTIN

C'est ce que nous ignorons.

MARINE

Oh ! que non, vous ne l'ignorez pas. Peste ! vous n'êtes pas gens à faire sottement des sacrifices. Vous en connaissez bien le prix.

FRONTIN, *à la baronne*

Savez-vous bien, madame, que cette dernière nuit a pensé être une nuit éternelle pour monsieur le chevalier ? En arrivant au logis il se jette dans un fauteuil ; il commence par se rappeler les plus malheureux coups du jeu, assaisonnant ses réflexions d'épithètes et d'apostrophes énergiques.

LA BARONNE, *regardant le portrait*

Tu as vu cette comtesse, Frontin? N'est-elle pas plus belle que son portrait?

FRONTIN

Non, madame; et ce n'est pas, comme vous voyez, une beauté régulière; mais elle est assez piquante, ma foi, elle est assez piquante... Or, je voulus d'abord représenter à mon maître que tous ses jurements étaient des paroles perdues; mais, considérant que cela soulage un joueur désespéré, je le laissai s'égayer dans ses apostrophes.

LA BARONNE, *regardant toujours le portrait*

Quel âge a-t-elle, Frontin?

FRONTIN

C'est ce que je ne sais pas trop bien; car elle a le teint si beau que je pourrais m'y tromper d'une bonne vingtaine d'années.

MARINE

C'est-à-dire qu'elle a pour le moins cinquante ans?

FRONTIN

Je le croirais bien, car elle en paraît trente... (*à la baronne*) Mon maître donc, après avoir bien réfléchi, s'abandonne à la rage; il demande ses pistolets.

LA BARONNE, *à Marine*

Ses pistolets, Marine, ses pistolets!

MARINE

Il ne se tuera point, madame, il ne se tuera point.

FRONTIN, *à la baronne*

Je les lui refuse; aussitôt il tire brusquement son épée.

LA BARONNE, *à Marine*

Ah! il s'est blessé, Marine, assurément!

MARINE

Eh! non, non, Frontin l'en aura empêché.

FRONTIN, *à la baronne*

Oui... Je me jette sur lui à corps perdu... 'Monsieur 'le chevalier,' lui dis-je; 'qu'allez-vous faire? Vous passez 'les bornes de la douleur du lansquenet. Si votre malheur 'vous fait haïr le jour, conservez-vous du moins, vivez 'pour votre aimable baronne. Elle vous a jusqu'ici tiré 'généreusement de tous vos embarras; et soyez sûr,' ai-je ajouté, seulement pour calmer sa fureur, 'qu'elle ne vous 'laissera point dans celui-ci.'

MARINE, *bas à la baronne*

L'entend-il, le maraud?

FRONTIN, *à la baronne*

'Il ne s'agit que de mille écus, une fois. M. Turcaret a 'bon dos: il portera bien encore cette charge-là.'

LA BARONNE

Eh bien, Frontin?

FRONTIN

Eh bien! madame, à ces mots, admirez le pouvoir de l'espérance, il s'est laissé désarmer comme un enfant, il s'est couché et s'est endormi.

MARINE, *ironiquement*

Le pauvre chevalier!

FRONTIN, *à la baronne*

Mais ce matin, à son réveil, il a senti renaître ses cha-grins; le portrait de la comtesse ne les a point dissipés. Il

m'a fait partir sur-le-champ pour venir ici, et il attend mon
retour pour disposer de son sort.   Que lui dirai-je, madame?

LA BARONNE

Tu lui diras, Frontin, qu'il peut toujours faire fond sur
moi, et que, n'étant point en argent comptant... (*Elle
veut tirer son diamant de son doigt pour le lui donner.*)

MARINE, *la retenant*

Eh! madame, y songez-vous?

LA BARONNE, *à Frontin, en remettant son diamant*

Tu lui diras que je suis touchée de son malheur.

MARINE, *à Frontin, ironiquement*

Et que je suis, de mon côté, très-fâchée de son infortune.

FRONTIN, *à la baronne*

Ah! qu'il sera fâché, lui... (*à part*) Maugrebleu de la
soubrette!

LA BARONNE

Dis-lui bien, Frontin, que je suis sensible à ses peines.

MARINE, *à Frontin, ironiquement*

Que je sens vivement son affliction, Frontin.

FRONTIN, *à la baronne*

C'en est donc fait, madame, vous ne verrez plus monsieur
le chevalier.   La honte de ne pouvoir payer ses dettes va
l'écarter de vous pour jamais; car rien n'est plus sensible
pour un enfant de famille.   Nous allons tout à l'heure
prendre la poste.

LA BARONNE, *bas à Marine*

Prendre la poste, Marine!

MARINE

Ils n'ont pas de quoi la payer.

FRONTIN, *à la baronne*

Adieu, madame.

LA BARONNE, *tirant son diamant de son doigt*

Attends, Frontin.

MARINE, *à Frontin*

Non, non, va-t'en vite lui faire réponse.

LA BARONNE, *à Marine*

Oh! je ne puis me résoudre à l'abandonner... (*à Frontin, en lui donnant son diamant*) Tiens, voilà un diamant de cinq cents pistoles que M. Turcaret m'a donné; va le mettre en gage, et tire ton maître de l'affreuse situation où il se trouve.

FRONTIN

Je vais le rappeler à la vie... (*à Marine, avec ironie*) Je lui rendrai compte, Marine, de l'excès de ton affliction.

MARINE

Ah! que vous êtes tous deux bien ensemble, messieurs les fripons!

(*Frontin sort.*)

SCÈNE III

LA BARONNE   MARINE

LA BARONNE

Tu vas te déchaîner contre moi, Marine, t'emporter?

MARINE

Non, madame, je ne m'en donnerai pas la peine, je vous assure. Eh! que m'importe, après tout, que votre bien s'en aille comme il vient? Ce sont vos affaires, madame, ce sont vos affaires.

LA BARONNE

Hélas! je suis plus à plaindre qu'à blâmer; ce que tu me vois faire n'est point l'effet d'une volonté libre: je suis entraînée par un penchant si tendre, que je ne puis y résister.

MARINE

Un penchant tendre! Ces faiblesses vous conviennent-elles? Eh! fi! vous aimez comme une vieille bourgeoise.

LA BARONNE

Que tu es injuste, Marine! puis-je ne pas savoir gré au chevalier du sacrifice qu'il me fait?

MARINE

Le plaisant sacrifice!... Que vous êtes facile à tromper! Mort de ma vie! c'est quelque vieux portrait de famille; que sait-on? de sa grand'mère, peut-être.

LA BARONNE, *regardant le portrait*

Non, j'ai quelque idée de ce visage-là, et une idée récente.

MARINE, *prenant le portrait et l'examinant à son tour*

Attendez... Ah! justement, c'est ce colosse de provinciale que nous vîmes au bal il y a trois jours, qui se fit tant prier pour ôter son masque, et que personne ne connut quand elle fut démasquée.

LA BARONNE

Tu as raison, Marine... Cette comtesse-là n'est pas mal faite.

MARINE, *rendant le portrait à la baronne*

À peu près comme M. Turcaret. Mais, si la comtesse était femme d'affaires, on ne vous la sacrifierait pas, sur ma parole.

LA BARONNE, *voyant paraître Flamand*

Tais-toi, Marine; j'aperçois le laquais de M. Turcaret.

MARINE

Oh! pour celui-ci, passe: il ne nous apporte que de bonnes nouvelles... (*regardant venir Flamand, et le voyant chargé d'un petit coffre.*) Il tient quelque chose; c'est sans doute un nouveau présent que son maître vous fait.

SCÈNE IV

LA BARONNE   MARINE   FLAMAND

FLAMAND, *à la baronne, en lui présentant un petit coffre*

M. Turcaret, madame, vous prie d'agréer ce petit présent. (*à Marine*) Serviteur, Marine.

MARINE

Tu sois le bien venu, Flamand.   J'aime mieux te voir que ce vilain Frontin.

LA BARONNE, *à Marine, en lui montrant le coffre*

Considère, Marine; admire le travail de ce petit coffre: as-tu rien vu de plus délicat?

MARINE

Ouvrez, ouvrez; je réserve mon admiration pour le dedans.   Le cœur me dit que nous en serons plus charmées que du dehors.

LA BARONNE, *ouvrant le coffret*

Que vois-je? un billet au porteur! L'affaire est sérieuse.

MARINE

De combien, madame?

LA BARONNE, *examinant le billet*

De dix mille écus.

MARINE, *bas*

Bon ! voilà la faute du diamant réparée.

LA BARONNE, *regardant dans le coffret*

Je vois un autre billet.

MARINE

Encore au porteur?

LA BARONNE, *examinant le second billet*

Non, ce sont des vers que M. Turcaret m'adresse.

MARINE

Des vers de M. Turcaret !

LA BARONNE, *lisant*

À Philis... Quatrain... (*interrompant sa lecture*) Je suis la Philis, et il me prie, en vers, de recevoir son billet en prose.

MARINE

Je suis fort curieuse d'entendre des vers d'un auteur qui envoie de si bonne prose.

LA BARONNE

Les voici ; écoute: (*Elle lit.*)

Recevez ce billet, charmante Philis,
Et soyez assurée que mon âme
Conservera toujours une éternelle flamme,
Comme il est certain que trois et trois font six.

MARINE

Que cela est finement pensé !

LA BARONNE

Et noblement exprimé ! Les auteurs se peignent dans leurs ouvrages... Allez porter ce coffre dans mon cabinet, Marine.

(*Marine sort.*)

SCÈNE V

LA BARONNE   FLAMAND

LA BARONNE

Il faut que je te donne quelque chose, à toi, Flamand.
Je veux que tu boives à ma santé.

FLAMAND

Je n'y manquerai pas, madame, et du bon encore.

LA BARONNE

Je t'y convie.

FLAMAND

Quand j'étais chez ce conseiller que j'ai servi ci-devant,
je m'accommodais de tout; mais depuis que je suis chez
M. Turcaret, je suis devenu délicat, oui !

LA BARONNE

Rien n'est tel que la maison d'un homme d'affaires pour
perfectionner le goût.

FLAMAND, *voyant paraître M. Turcaret*

Le voici, madame, le voici.

(*Il sort.*)

SCÈNE VI

LA BARONNE   M. TURCARET   MARINE

LA BARONNE

Je suis ravie de vous voir, monsieur Turcaret, pour vous
faire des compliments sur les vers que vous m'avez en-
voyés.

M. TURCARET, *riant*

Oh! oh!

LA BARONNE

Savez-vous bien qu'ils sont du dernier galant?   Jamais
les Voiture, ni les Pavillon n'en ont fait des pareils.

M. TURCARET

Vous plaisantez, apparemment?

LA BARONNE

Point du tout.

M. TURCARET

Sérieusement, madame, les trouvez-vous bien tournés?

LA BARONNE

Le plus spirituellement du monde.

M. TURCARET

Ce sont pourtant les premiers vers que j'aie faits de ma
vie.

LA BARONNE

On ne le dirait pas.

M. TURCARET

Je n'ai pas voulu emprunter le secours de quelque
auteur, comme cela se pratique.

LA BARONNE

On le voit bien.   Les auteurs de profession ne pensent
et ne s'expriment pas ainsi: on ne saurait les soupçonner
de les avoir faits.

M. TURCARET

J'ai voulu voir, par curiosité, si je serais capable d'en
composer, et l'amour m'a ouvert l'esprit.

LA BARONNE

Vous êtes capable de tout, monsieur; il n'y a rien d'impossible pour vous.

MARINE, *à M. Turcaret*

Votre prose, monsieur, mérite aussi des compliments: elle vaut bien votre poésie, au moins.

M. TURCARET

Il est vrai que ma prose a son mérite; elle est signée et approuvée par quatre fermiers-généraux.

MARINE

Cette approbation vaut mieux que celle de l'Académie.

LA BARONNE, *à M. Turcaret*

Pour moi, je n'approuve point votre prose, monsieur; et il me prend envie de vous quereller.

M. TURCARET

D'où vient?

LA BARONNE

Avez-vous perdu la raison de m'envoyer un billet au porteur? Vous faites tous les jours quelque folie comme cela.

M. TURCARET

Vous vous moquez?

LA BARONNE

De combien est-il ce billet? Je n'ai pas pris garde à la somme, tant j'étais en colère contre vous!

M. TURCARET

Bon! il n'est que de dix mille écus.

LA BARONNE

Comment! de dix mille écus? Ah! si j'avais su cela, je vous l'aurais renvoyé sur-le-champ.

M. TURCARET

Fi donc!

LA BARONNE

Mais je vous le renverrai.

M. TURCARET

Oh! vous l'avez reçu; vous ne le rendrez point.

MARINE, *à part*

Oh! pour cela, non.

LA BARONNE, *à M. Turcaret*

Je suis plus offensée du motif que de la chose même.

M. TURCARET

Eh! pourquoi?

LA BARONNE

En m'accablant tous les jours de présents, il semble que vous vous imaginiez avoir besoin de ces liens-là pour m'attacher à vous

M. TURCARET

Quelle pensée! Non, madame, ce n'est point dans cette vue que...

LA BARONNE, *l'interrompant*

Mais vous vous trompez, monsieur; je ne vous en aime point davantage pour cela.

M. TURCARET, *à part*

Qu'elle est franche! qu'elle est sincère!

LA BARONNE

Je ne suis sensible qu'à vos empressements, qu'à vos soins.

M. TURCARET, *à part*

Quel bon cœur!

LA BARONNE

Qu'au seul plaisir de vous voir.

M. TURCARET, *à part*

Elle me charme... (*à la baronne*) Adieu, charmante Philis.

LA BARONNE

Quoi! vous sortez sitôt.

M. TURCARET

Oui, ma reine.   Je ne viens ici que pour vous saluer en passant.   Je vais à une de nos assemblées, pour m'opposer à la réception d'un pied-plat, d'un homme de rien, qu'on veut faire entrer dans notre compagnie.   Je reviendrai dès que je pourrai m'échapper.

(*Il lui baise la main.*)

LA BARONNE

Fussiez-vous déjà de retour.

MARINE, *à M. Turcaret, en lui faisant la révérence*

Adieu, monsieur.   Je suis votre très humble servante.

M. TURCARET

À propos, Marine, il me semble qu'il y a longtemps que je ne t'ai rien donné... (*il lui donne une poignée d'argent.*) Tiens; je donne sans compter, moi.

MARINE, *prenant l'argent*

Et moi, je reçois de même, monsieur.   Oh! nous sommes tous deux des gens de bonne foi.

(*M. Turcaret sort.*)

SCÈNE VII

LA BARONNE   MARINE

LA BARONNE

Il s'en va fort satisfait de nous, Marine.

MARINE

Et nous demeurons fort contentes de lui, madame. L'excellent sujet! il a de l'argent, il est prodigue et crédule; c'est un homme fait pour les coquettes.

LA BARONNE

J'en fais assez ce que je veux, comme tu vois.

MARINE, *apercevant le chevalier et Frontin*

Oui; mais, par malheur, je vois arriver ici des gens qui vengent bien M. Turcaret.

SCÈNE VIII

LA BARONNE   LE CHEVALIER   MARINE
FRONTIN

LE CHEVALIER, *à la baronne*

Je viens, madame, vous témoigner ma reconnaissance. Sans vous j'aurais violé la foi des joueurs: ma parole perdait tout son crédit, et je tombais dans le mépris des honnêtes gens.

LA BARONNE

Je suis bien aise, chevalier, de vous avoir fait ce plaisir.

LE CHEVALIER

Ah! qu'il est doux de voir sauver son honneur par l'objet même de son amour!

ACTE I   SCÈNE VIII   23

MARINE, *à part*

Qu'il est tendre et passionné! Le moyen de lui refuser quelque chose!

LE CHEVALIER

Bonjour, Marine. (*à la baronne, avec ironie*) Madame, j'ai aussi quelques grâces à lui rendre. Frontin m'a dit qu'elle s'est intéressée à ma douleur.

MARINE

Eh! oui, merci de ma vie, je m'y suis intéressée; elle nous coûte assez pour cela.

LA BARONNE

Taisez-vous, Marine. Vous avez des vivacités qui ne me plaisent pas.

LE CHEVALIER

Eh! madame, laissez-la parler; j'aime les gens francs et sincères.

MARINE

Et moi, je hais ceux qui ne le sont pas.

LE CHEVALIER, *à la baronne, ironiquement*

Elle est toute spirituelle dans ses mauvaises humeurs; elle a des reparties brillantes qui m'enlèvent... (*à Marine, ironiquement*) Marine, au moins, j'ai pour vous ce qui s'appelle une véritable amitié; et je veux vous en donner des marques... (*il fait semblant de fouiller dans ses poches. À Frontin, ironiquement*) Frontin, la première fois que je gagnerai, fais-m'en ressouvenir.

FRONTIN, *à Marine, ironiquement*

C'est de l'argent comptant.

MARINE

J'ai bien affaire de son argent... Eh! qu'il ne vienne pas ici piller le nôtre.

LA BARONNE

Prenez garde à ce que vous dites, Marine.

MARINE

C'est voler au coin d'un bois.

LA BARONNE

Vous perdez le respect.

LE CHEVALIER

Ne prenez point la chose sérieusement.

MARINE, *à la baronne*

Je ne puis me contraindre, madame; je ne puis voir tranquillement que vous soyez la dupe de monsieur, et que M. Turcaret soit la vôtre.

LA BARONNE

Marine!...

MARINE, *l'interrompant*

Eh! fi, fi, madame, c'est se moquer, de recevoir d'une main pour dissiper de l'autre; la belle conduite! Nous en aurons toute la honte, et M. le chevalier tout le profit.

LA BARONNE

Oh! pour cela, vous êtes trop insolente; je n'y puis plus tenir.

MARINE

Ni moi non plus.

LA BARONNE

Je vous chasserai.

MARINE

Vous n'aurez pas cette peine-là, madame. Je me donne mon congé moi-même; je ne veux pas que l'on dise dans le monde que je suis infructueusement complice de la ruine d'un financier.

LA BARONNE

Retirez-vous, impudente, et ne paraissez jamais devant moi que pour me rendre vos comptes.

MARINE

Je les rendrai à M. Turcaret, madame; et, s'il est assez sage pour m'en croire, vous compterez aussi tous deux ensemble:

(*Elle sort.*)

SCÈNE IX

LA BARONNE   LE CHEVALIER   FRONTIN

LE CHEVALIER, *à la baronne*

Voilà, je l'avoue, une créature impertinente! Vous avez eu raison de la chasser.

FRONTIN, *à la baronne*

Oui, madame, vous avez eu raison.   Comment donc! mais c'est une espèce de mère que cette servante-là.

LA BARONNE

C'est un pédant éternel que j'avais aux oreilles.

FRONTIN

Elle se mêlait de vous donner des conseils; elle vous aurait gâtée à la fin.

LA BARONNE

Je n'avais que trop d'envie de m'en défaire; mais je suis femme d'habitude, et je n'aime point les nouveaux visages.

LE CHEVALIER

Il serait pourtant fâcheux que, dans le premier mouvement de sa colère, elle allât donner à M. Turcaret des impressions qui ne conviendraient ni à vous ni à moi.

FRONTIN, *à la baronne*

Oh! diable, elle n'y manquera pas.   Les soubrettes sont comme les bigotes, elles font des actions charitables pour se venger.

LA BARONNE

De quoi s'inquiéter?   Je ne la crains point.   J'ai de l'esprit, et M. Turcaret n'en a guère.   Je ne l'aime point, et il est amoureux; je saurai me faire auprès de lui un mérite de l'avoir chassée.

FRONTIN

Fort bien, madame, il faut tout mettre à profit.

LA BARONNE

Mais je songe que ce n'est pas assez de nous être débarrassés de Marine, il faut encore exécuter une idée qui me vient dans l'esprit.

LE CHEVALIER

Quelle idée, madame?

LA BARONNE

Le laquais de M. Turcaret est un sot, un benêt, dont on ne peut tirer le moindre service; et je voudrais mettre à sa place quelque habile homme, quelqu'un de ces génies supérieurs qui sont faits pour gouverner les esprits médiocres, et les tenir toujours dans la situation dont on a besoin.

FRONTIN

Quelqu'un de ces génies supérieurs?...   Je vous vois venir, madame; cela me regarde.

LE CHEVALIER, *à la baronne*

Mais, en effet, Frontin ne nous sera pas inutile auprès de notre traitant.

LA BARONNE

Je veux l'y placer.

LE CHEVALIER

Il nous en rendra bon compte... (*à Frontin*) N'est-ce pas?

FRONTIN

Je suis jaloux de l'invention. On ne pouvait rien imaginer de mieux... (*à part*) Par ma foi, monsieur Turcaret, je vous ferai bien voir du pays, sur ma parole.

LA BARONNE, *au chevalier*

Il m'a fait présent d'un billet au porteur, de dix mille écus; je veux changer cet effet-là de nature: il en faut faire de l'argent. Je ne connais personne pour cela. Chevalier, chargez-vous de ce soin. Je vais vous remettre le billet; retirez ma bague: je suis bien aise de l'avoir, et vous me tiendrez compte du surplus.

FRONTIN

Cela est trop juste, madame; et vous n'avez rien à craindre de notre probité.

LE CHEVALIER, *à la baronne*

Je ne perdrai point de temps, madame; et vous aurez cet argent incessamment.

LA BARONNE

Attendez un moment, je vais vous donner le billet.

(*Elle passe dans son cabinet.*)

SCÈNE X

LE CHEVALIER   FRONTIN

FRONTIN

Un billet de dix mille écus! La bonne aubaine et la bonne femme! Il faut être aussi heureux que vous l'êtes pour en rencontrer de pareilles: savez-vous que je la trouve un peu trop crédule pour une coquette?

LE CHEVALIER

Tu as raison.

FRONTIN

Ce n'est pas mal payer le sacrifice de notre vieille folle de comtesse, qui n'a pas le sou.

LE CHEVALIER

Il est vrai.

FRONTIN

Madame la baronne est persuadée que vous avez perdu mille écus sur votre parole, et que son diamant est en gage. Le lui rendrez-vous, monsieur, avec le reste du billet?

LE CHEVALIER

Si je le lui rendrai?

FRONTIN

Quoi! tout entier, sans quelque nouvel article de dépense?

LE CHEVALIER

Assurément, je me garderai bien d'y manquer.

FRONTIN

Vous avez des moments d'équité... Je ne m'y attendais pas.

LE CHEVALIER

Je serais un grand malheureux de m'exposer à rompre avec elle à si bon marché !

FRONTIN

Ah ! je vous demande pardon, j'ai fait un jugement téméraire; je croyais que vous vouliez faire les choses à demi.

LE CHEVALIER

Oh ! non. Si jamais je me brouille, ce ne sera qu'après la ruine totale de M. Turcaret.

FRONTIN

Qu'après sa destruction, là son anéantissement?

LE CHEVALIER

Je ne rends des soins à la coquette que pour l'aider à ruiner le traitant.

FRONTIN

Fort bien ! À ces sentiments généreux je reconnais mon maître.

LE CHEVALIER, *voyant revenir la baronne*

Paix, Frontin; voici la baronne.

SCÈNE XI

LA BARONNE   LE CHEVALIER   FRONTIN

LA BARONNE, *au chevalier, en lui donnant le billet au porteur*

Allez, chevalier, allez, sans tarder davantage, négocier ce billet, et me rendez ma bague, le plus tôt que vous pourrez.

LE CHEVALIER

Frontin, madame, va vous la rapporter incessamment...
Mais, avant que je vous quitte, souffrez que, charmé de
vos manières généreuses, je vous fasse connaître que...

LA BARONNE, *l'interrompant*

Non, je vous le défends : ne parlons point de cela.

LE CHEVALIER

Quelle contrainte pour un cœur aussi reconnaissant que
le mien !

LA BARONNE, *en s'en allant*

Sans adieu, chevalier.   Je crois que nous nous reverrons
tantôt.

LE CHEVALIER, *en s'en allant aussi*

Pourrais-je m'éloigner de vous sans une si douce espérance ?

SCÈNE XII

FRONTIN, *seul*

J'admire le train de la vie humaine !   Nous plumons une
coquette, la coquette mange un homme d'affaires ; l'homme
d'affaires en pille d'autres : cela fait un ricochet de fourberies le plus plaisant du monde.

FIN DU PREMIER ACTE

ACTE II

SCÈNE PREMIÈRE

LA BARONNE FRONTIN

FRONTIN, *donnant le diamant à la baronne*

Je n'ai pas perdu de temps, comme vous voyez, madame; voilà votre diamant. L'homme qui l'avait en gage me l'a remis entre les mains, dès qu'il a vu briller le billet au porteur, qu'il veut escompter, moyennant un très-honnête profit. Mon maître, que j'ai laissé avec lui, va venir vous en rendre compte.

LA BARONNE

Je suis enfin débarrassée de Marine; elle a sérieusement pris son parti. J'appréhendais que ce ne fût qu'une feinte: elle est sortie. Ainsi, Frontin, j'ai besoin d'une femme de chambre; je te charge de m'en chercher une autre.

FRONTIN

J'ai votre affaire en main. C'est une jeune personne, douce, complaisante, comme il vous la faut. Elle verrait tout aller sens dessus dessous dans votre maison, sans dire une syllabe.

LA BARONNE

J'aime ces caractères-là. Tu la connais particulière-ment?

FRONTIN

Très particulièrement. ˙ Nous sommes même un peu parents.

LA BARONNE

C'est-à-dire qu'on peut s'y fier?

FRONTIN

Comme à moi-même. Elle est sous ma tutelle: j'ai l'administration de ses gages et de ses profits, et j'ai soin de lui fournir tous ses petits besoins.

LA BARONNE

Elle sert sans doute actuellement?

FRONTIN

Non; elle est sortie de condition depuis quelques jours.

LA BARONNE

Eh! pour quel sujet?

FRONTIN

Elle servait des personnes qui mènent une vie retirée, qui ne reçoivent que des visites sérieuses; un mari et une femme qui s'aiment; des gens extraordinaires. Enfin c'est une maison triste: ma pupille s'y est ennuyée.

LA BARONNE

Où est-elle donc à l'heure qu'il est?

FRONTIN

Elle est logée chez une vieille prude de ma connaissance qui, par charité, retire des femmes de chambre hors de condition, pour savoir ce qui se passe dans les familles.

LA BARONNE

Je la voudrais avoir dès aujourd'hui. Je ne puis me passer de fille.

FRONTIN

Je vais vous l'envoyer, madame, ou vous l'amener moi-même; vous en serez contente. Je ne vous ai pas dit toutes ses bonnes qualités: elle chante et joue à ravir de toutes sortes d'instruments.

LA BARONNE

Mais, Frontin, vous me parlez là d'un fort joli sujet.

FRONTIN

Je vous en réponds: aussi je la destine pour l'Opéra;
mais je veux auparavant qu'elle se fasse dans le monde, car
il n'en faut là que de toutes faites.

LA BARONNE

Je l'attends avec impatience.

(*Frontin sort.*)

SCÈNE II

LA BARONNE, *seule*

Cette fille-là me sera d'un grand agrément: elle me divertira par ses chansons, au lieu que l'autre ne faisait que me
chagriner par sa morale... (*voyant entrer M. Turcaret, qui
paraît en colère.*)   Mais je vois M. Turcaret... Ah! qu'il
paraît agité!   Marine l'aura été trouver.

SCÈNE III

M. TURCARET   LA BARONNE

M. TURCARET, *tout essoufflé*

Ouf! je ne sais par où commencer, perfide!

LA BARONNE, *à part*

Elle lui a parlé.

M. TURCARET

J'ai appris de vos nouvelles, déloyale! j'ai appris de vos
nouvelles!   On vient de me rendre compte de vos perfidies,
de votre dérangement!

LA BARONNE

Le début est agréable, et vous employez de fort jolis termes, monsieur.

M. TURCARET

Laissez-moi parler; je veux vous dire vos vérités... Marine me les a dites... Ce beau chevalier, qui vient ici à toute heure, et qui ne m'était pas suspect sans raison, n'est pas votre cousin, comme vous me l'avez fait accroire. Vous avez des vues pour l'épouser et pour me planter là, moi, quand j'aurai fait votre fortune.

LA BARONNE

Moi, monsieur, j'aimerais le chevalier?

M. TURCARET

Marine me l'a assuré, et qu'il ne faisait figure dans le monde qu'aux dépens de votre bourse et de la mienne, et que vous lui sacrifiez tous les présents que je vous fais.

LA BARONNE

Marine est une fort jolie personne!... Ne vous a-t-elle dit que cela, monsieur?

M. TURCARET

Ne me répondez point, félonne! j'ai de quoi vous confondre; ne me répondez point... Parlez, qu'est devenu, par exemple, ce gros brillant que je vous donnai l'autre jour? Montrez-le tout à l'heure, montrez-le-moi.

LA BARONNE

Puisque vous le prenez sur ce ton-là, monsieur, je ne veux pas vous le montrer.

M. TURCARET

Eh! sur quel ton, morbleu! prétendez-vous donc que je le prenne? Oh! vous n'en serez pas quitte pour des reproches. Ne croyez pas que je sois assez sot pour rompre avec vous sans bruit, pour me retirer sans éclat; je veux laisser ici des marques de mon ressentiment. Je suis honnête homme: j'aime de bonne foi, je n'ai que des vues légitimes; je ne crains pas le scandale, moi. Ah! vous n'avez pas affaire à un abbé, je vous en avertis.

(*Il entre dans la chambre de la baronne.*)

SCÈNE IV

LA BARONNE, *seule*

Non, j'ai affaire à un extravagant, un possédé... Oh bien! faites, monsieur, faites tout ce qu'il vous plaira; je ne m'y opposerai point, je vous assure... Mais... qu'entends-je?... Ciel! quel désordre!... Il est effectivement devenu fou... Monsieur Turcaret, monsieur Turcaret, je vous ferai bien expier vos emportements.

SCÈNE V

M. TURCARET   LA BARONNE

M. TURCARET

Me voilà à demi soulagé. J'ai déjà cassé la grande glace et les plus belles porcelaines.

LA BARONNE

Achevez, monsieur, que ne continuez-vous?

M. TURCARET

Je continuerai quand il me plaira, madame... Je vous apprendrai à vous jouer à un homme comme moi... Allons, ce billet au porteur, que je vous ai tantôt envoyé, qu'on me le rende.

3—2

LA BARONNE

Que je vous le rende? et si je l'ai aussi donné au chevalier?

M. TURCARET

Ah! si je le croyais!

LA BARONNE

Que vous êtes fou! En vérité vous me faites pitié.

M. TURCARET

Comment donc! au lieu de se jeter à mes genoux et de
me demander grâce, encore dit-elle que j'ai tort, encore
dit-elle que j'ai tort!

LA BARONNE

Sans doute.

M. TURCARET

Ah! vraiment, je voudrais bien, par plaisir, que vous
entreprissiez de me persuader cela.

LA BARONNE

Je le ferais, si vous étiez en état d'entendre raison.

M. TURCARET

Eh! que me pourriez-vous dire, traîtresse?

LA BARONNE

Je ne vous dirai rien... Ah! quelle fureur!

M. TURCARET, *essayant de se modérer*

Eh bien! parlez, madame, parlez, je suis de sang-froid.

LA BARONNE

Écoutez-moi donc.... Toutes les extravagances que vous
venez de faire sont fondées sur un faux rapport que
Marine...

M. TURCARET, *en l'interrompant*

Un faux rapport? Ventrebleu! ce n'est point...

LA BARONNE, *l'interrompant à son tour*

Ne jurez pas, monsieur; ne m'interrompez pas: songez que vous êtes de sang-froid.

M. TURCARET

Je me tais... Il faut que je me contraigne.

LA BARONNE

Savez-vous bien pourquoi je viens de chasser Marine?

M. TURCARET

Oui; pour avoir pris trop chaudement mes intérêts.

LA BARONNE

Tout au contraire; c'est à cause qu'elle me reprochait sans cesse l'inclination que j'avais pour vous. 'Est-il rien 'de si ridicule,' me disait-elle à tous moments, 'que de 'voir la veuve d'un colonel songer à épouser un M. Tur-'caret, un homme sans naissance, sans esprit, de la mine 'la plus basse...

M. TURCARET

Passons, s'il vous plaît, sur les qualités; cette Marine-là est une impudente.

LA BARONNE

'Pendant que vous pouvez choisir un époux entre vingt 'personnes de la première qualité, lorsque vous refusez 'votre aveu même aux pressantes instances de toute la 'famille d'un marquis dont vous êtes adorée, et que vous 'avez la faiblesse de sacrifier à ce M. Turcaret?'

M. TURCARET

Cela n'est pas possible.

LA BARONNE

Je ne prétends pas m'en faire un mérite, monsieur. Ce marquis est un jeune homme, fort agréable de sa personne, mais dont les mœurs et la conduite ne me conviennent point. Il vient ici quelquefois avec mon cousin le chevalier, son ami. J'ai découvert qu'il avait gagné Marine, et c'est pour cela que je l'ai congédiée. Elle a été vous débiter mille impostures pour se venger, et vous êtes assez crédule pour y ajouter foi. Ne deviez-vous pas, dans le moment, faire réflexion que c'était une servante passionnée qui vous parlait; et que, si j'avais eu quelque chose à me reprocher, je n'aurais pas été assez imprudente pour chasser une fille dont j'avais à craindre l'indiscrétion? Cette pensée, dites-moi, ne se présente-t-elle pas naturellement à l'esprit?

M. TURCARET

J'en demeure d'accord; mais...

LA BARONNE, *l'interrompant*

Mais, mais vous avez tort... Elle vous a donc dit, entre autres choses, que je n'avais plus ce gros brillant qu'en badinant vous me mîtes l'autre jour au doigt, et que vous me forçâtes d'accepter?

M. TURCARET

Oh! oui, elle m'a juré que vous l'aviez donné aujourd'hui au chevalier, qui est, dit-elle, votre parent comme Jean-de-Vert.

LA BARONNE

Et si je vous montrais tout à l'heure ce même diamant, que diriez-vous?

M. TURCARET

Oh! je dirais en ce cas-là que... Mais cela ne se peut pas.

LA BARONNE, *lui montrant son diamant*

Le voilà, monsieur. Le reconnaissez-vous? voyez le fond que l'on doit faire sur le rapport de certains valets.

M. TURCARET

Ah! que cette Marine-là est une grande scélérate! Je reconnais sa friponnerie et mon injustice. Pardonnez-moi, madame, d'avoir soupçonné votre bonne foi.

LA BARONNE

Non, vos fureurs ne sont point excusables: allez, vous êtes indigne de pardon.

M. TURCARET

Je l'avoue.

LA BARONNE

Fallait-il vous laisser si facilement prévenir contre une femme qui vous aime avec trop de tendresse?

M. TURCARET

Hélas! non... Que je suis malheureux!

LA BARONNE

Convenez que vous êtes un homme bien faible.

M. TURCARET

Oui, madame.

LA BARONNE

Une franche dupe.

M. TURCARET

J'en conviens... (*à part*) Ah! Marine, coquine de Marine!... (*à la baronne*) Vous ne sauriez vous imaginer tous les mensonges que cette pendarde-là m'est venue conter... Elle m'a dit que vous et M. le chevalier, vous me regardiez comme votre vache à lait; et que, si aujourd'hui pour demain je vous avais tout donné, vous me feriez fermer votre porte au nez.

LA BARONNE

La malheureuse!

M. TURCARET

Elle m'a dit; c'est un fait constant; je n'invente rien.
moi.

LA BARONNE

Et vous avez eu la faiblesse de la croire un seul moment?

M. TURCARET

Oui, madame; j'ai donné là-dedans comme un franc
sot... Où diable avais-je l'esprit?

LA BARONNE

Vous repentez-vous de votre crédulité?

M. TURCARET, *se jetant à genoux*

Si je m'en repens?... Je vous demande mille pardons de
ma colère.

LA BARONNE, *le relevant*

On vous la pardonne. Levez-vous, monsieur. Vous
auriez moins de jalousie si vous aviez moins d'amour, et
l'excès de l'un fait oublier la violence de l'autre.

M. TURCARET

Quelle bonté!... Il faut avouer que je suis un grand
brutal!

LA BARONNE

Mais, sérieusement, monsieur, croyez-vous qu'un cœur
puisse balancer un instant entre vous et le chevalier.

M. TURCARET

Non, madame, je ne le crois pas; mais je le crains.

LA BARONNE

Que faut-il faire pour dissiper vos craintes?

M. TURCARET

Éloigner d'ici cet homme-là; consentez-y, madame; j'en
sais les moyens.

LA BARONNE

Eh! quels sont-ils?

M. TURCARET

Je lui donnerai une direction en province.

LA BARONNE

Une direction?

M. TURCARET

C'est ma manière d'écarter les incommodes... Ah!
combien de cousins, d'oncles et de maris j'ai faits directeurs
en ma vie! J'en ai envoyé jusqu'en Canada.

LA BARONNE

Mais, vous ne songez pas que mon cousin le chevalier
est homme de condition, et que ces sortes d'emplois ne lui
conviennent pas... Allez, sans vous mettre en peine de
l'éloigner de Paris, je vous jure que c'est l'homme du monde
qui doit vous causer le moins d'inquiétude.

M. TURCARET

Ouf! j'étouffe d'amour et de joie. Vous me dites cela
d'une manière si naïve que vous me le persuadez... Adieu,
mon adorable, mon tout, ma déesse... Allez, allez, je vais
bien réparer la sottise que je viens de faire. Votre grande
glace n'était pas tout-à-fait nette, au moins, et je trouvai
vos porcelaines assez communes.

LA BARONNE

Il est vrai.

M. TURCARET

Je vais vous en chercher d'autres.

LA BARONNE

Voilà ce que vous coûtent vos folies.

M. TURCARET

Bagatelle!... Tout ce que j'ai cassé ne valait pas plus de trois cents pistoles.

(*Il veut s'en aller, et la baronne l'arrête.*)

LA BARONNE

Attendez, monsieur, il faut que je vous fasse une prière auparavant.

M. TURCARET

Une prière? Oh, donnez vos ordres.

LA BARONNE

Faites avoir une commission, pour l'amour de moi, à ce pauvre Flamand, votre laquais. C'est un garçon pour qui j'ai pris de l'amitié.

M. TURCARET

Je l'aurais déjà poussé si je lui avais trouvé quelque disposition; mais il a l'esprit trop bonace: cela ne vaut rien pour les affaires.

LA BARONNE

Donnez-lui un emploi qui ne soit pas difficile à exercer

M. TURCARET

Il en aura un dès aujourd'hui; cela vaut fait.

LA BARONNE

Ce n'est pas tout. Je veux mettre auprès de vous Frontin, le laquais de mon cousin le chevalier; c'est aussi un très bon enfant.

M. TURCARET

Je le prends, madame; et vous promets de le faire commis au premier jour.

SCÈNE VI

LA BARONNE   M. TURCARET   FRONTIN

FRONTIN, *à la baronne*

Madame, vous allez bientôt avoir la fille dont je vous ai parlé.

LA BARONNE, *à M. Turcaret*

Monsieur, voilà le garçon que je veux vous donner.

M. TURCARET

Il paraît un peu innocent.

LA BARONNE

Que vous vous connaissez bien en physionomies !

M. TURCARET

J'ai le coup d'œil infaillible... (*à Frontin*) Approche, mon ami. Dis-moi un peu, as-tu déjà quelques principes ?

FRONTIN

Qu'appelez-vous des principes ?

M. TURCARET

Des principes de commis ; c'est-à-dire si tu sais comment on peut empêcher les fraudes ou les favoriser ?

FRONTIN

Pas encore, monsieur, mais je sens que j'apprendrai cela fort facilement.

M. TURCARET

Tu sais du moins l'arithmétique ? tu sais faire des comptes à parties simples ?

FRONTIN

Oh! oui, monsieur; je sais même faire des parties doubles.
J'écris aussi de deux écritures, tantôt de l'une et tantôt de
l'autre.

M. TURCARET

De la ronde, n'est-ce pas?

FRONTIN

De la ronde, de l'oblique.

M. TURCARET

Comment de l'oblique?

FRONTIN

Eh! oui, d'une écriture que vous connaissez... là...
d'une certaine écriture qui n'est pas légitime.

M. TURCARET, *à la baronne*

Il veut dire de la bâtarde.

FRONTIN

Justement; c'est ce mot-là que je cherchais.

M. TURCARET, *à la baronne*

Quelle ingénuité! Ce garçon-là, madame, est bien niais.

LA BARONNE

Il se déniaisera dans vos bureaux.

M. TURCARET

Oh! qu'oui, madame, oh! qu'oui. D'ailleurs un bel
esprit n'est pas nécessaire pour faire son chemin. Hors
moi et deux ou trois autres, il n'y a parmi nous que des
génies assez communs. Il suffit d'un certain usage, d'une
routine que l'on ne manque guère d'attraper. Nous voyons
tant de gens! nous nous étudions à prendre ce que le monde
a de meilleur; voilà toute notre science.

LA BARONNE

Ce n'est pas la plus inutile de toutes.

M. TURCARET, *à Frontin*

Oh! çà, mon ami, tu es à moi, et tes gages courent dès ce moment.

FRONTIN

Je vous regarde donc, monsieur, comme mon nouveau maître... Mais, en qualité d'ancien laquais de M. le chevalier, il faut que je m'acquitte d'une commission dont il m'a chargé; il vous donne, et à madame sa cousine, à souper ici ce soir.

M. TURCARET

Très volontiers.

FRONTIN

Je vais ordonner chez Fite toutes sortes de ragoûts, avec vingt-quatre bouteilles de vin de Champagne; et, pour égayer le repas, vous aurez des voix et des instruments.

LA BARONNE

De la musique, Frontin?

FRONTIN

Oui, madame; à telles enseignes que j'ai ordre de commander cent bouteilles de Surène, pour abreuver la symphonie.

LA BARONNE

Cent bouteilles?

FRONTIN

Ce n'est pas trop, madame. Il y aura huit concertants, quatre Italiens de Paris, trois chanteuses et deux gros chantres.

M. TURCARET

Il a, ma foi, raison; ce n'est pas trop. Ce repas sera fort joli.

FRONTIN

Oh, diable! quand M. le chevalier donne des soupers comme cela, il n'épargne rien, monsieur.

M. TURCARET

J'en suis persuadé.

FRONTIN

Il semble qu'il ait à sa disposition la bourse d'un partisan.

LA BARONNE, *à M. Turcaret*

Il veut dire qu'il fait les choses fort magnifiquement.

M. TURCARET

Qu'il est ingénu!... (*à Frontin*) Eh bien! nous verrons cela tantôt... (*à la baronne*) Et, pour surcroît de réjouissance, j'amènerai ici M. Gloutonneau le poète: aussi bien je ne saurais manger si je n'ai quelque bel esprit à ma table.

LA BARONNE

Vous me ferez plaisir. Cet auteur apparemment est fort brillant dans la conversation?

M. TURCARET

Il ne dit pas quatre paroles dans un repas; mais il mange et pense beaucoup. Peste! c'est un homme bien agréable... Oh! çà, je cours chez Dautel vous acheter...

LA BARONNE, *en l'interrompant*

Prenez garde à ce que vous ferez, je vous en prie; ne vous jetez point dans une dépense...

M. TURCARET, *l'interrompant à son tour*

Eh! fi! madame, fi! vous vous arrêtez à des minuties. Sans adieu, ma reine.

LA BARONNE

J'attends votre retour impatiemment.

(*M. Turcaret sort.*)

SCÈNE VII

LA BARONNE   FRONTIN

LA BARONNE

Enfin te voilà en train de faire ta fortune.

FRONTIN

Oui, madame; et en état de ne pas nuire à la vôtre.

LA BARONNE

C'est à présent, Frontin, qu'il faut donner l'essor à ce génie supérieur.

FRONTIN

On tâchera de vous prouver qu'il n'est pas médiocre.

LA BARONNE

Quand m'amènera-t-on cette fille?

FRONTIN

Je l'attends; je lui ai donné rendez-vous ici.

LA BARONNE

Tu m'avertiras quand elle sera venue.

(*Elle passe dans sa chambre.*)

SCÈNE VIII

FRONTIN, *seul*

Courage! Frontin, courage! mon ami; la fortune t'appelle. Te voilà placé chez un homme d'affaires, par le canal d'une coquette. Quelle joie! l'agréable perspective! Je m'imagine que toutes les choses que je vais toucher vont se convertir en or... (*voyant paraître Lisette.*) Mais j'aperçois ma pupille.

SCÈNE IX

FRONTIN   LISETTE

FRONTIN

Tu sois la bienvenue, Lisette! On t'attend avec impatience dans cette maison.

LISETTE

J'y entre avec une satisfaction dont je tire un bon augure.

FRONTIN

Je t'ai mise au fait sur tout ce qui s'y passe, et sur tout ce qui s'y doit passer; tu n'as que te régler là-dessus. Souviens-toi seulement qu'il faut avoir une complaisance infatigable.

LISETTE

Il n'est pas besoin de me recommander cela.

FRONTIN

Flatte sans cesse l'entêtement que la baronne a pour le chevalier; c'est le point.

LISETTE

Tu me fatigues de leçons inutiles.

FRONTIN, *voyant arriver le chevalier*

Le voici qui vient.

LISETTE, *examinant le chevalier*

Je ne l'avais point encore vu... Ah! qu'il est bien fait, Frontin!

FRONTIN

Il ne faut pas être mal bâti pour donner de l'amour à une coquette.

SCÈNE X

LE CHEVALIER   FRONTIN   LISETTE

LE CHEVALIER, *à Frontin, sans voir d'abord Lisette*

Je te rencontre à propos, Frontin, pour t'apprendre... (*apercevant Lisette.*) Mais que vois-je? quelle est cette beauté brillante?

FRONTIN

C'est une fille que je donne à madame la baronne, pour remplacer Marine.

LE CHEVALIER

Et c'est sans doute une de tes amies?

FRONTIN

Oui, monsieur; il y a longtemps que nous nous connaissons.   Je suis son répondant.

LE CHEVALIER

Bonne caution! c'est faire son éloge en un mot.   Elle est, parbleu! charmante... Monsieur le répondant, je me plains de vous.

FRONTIN

D'où vient?

LE CHEVALIER

Je me plains de vous, vous dis-je.   Vous savez toutes
mes affaires, et vous me cachez les vôtres.   Vous n'êtes pas
un ami sincère.

FRONTIN

Je n'ai pas voulu, monsieur...

LE CHEVALIER, *l'interrompant*

La confiance pourtant doit être réciproque.   Pourquoi
m'avoir fait mystère d'une si belle découverte?

FRONTIN

Ma foi! monsieur, je craignais...

LE CHEVALIER, *l'interrompant*

Quoi?

FRONTIN

Oh! monsieur, que diable! vous m'entendez de reste.

LE CHEVALIER, *à part*

Le maraud! où a-t-il été à déterrer ce petit minois-là...
(*à Frontin*) Frontin, M. Frontin, vous avez le discerne-
ment fin et délicat quand vous faites un choix pour vous-
même; mais vous n'avez pas le goût si bon pour vos amis...
Ah! la piquante représentation! l'adorable grisette!

LISETTE, *à part*

Que les jeunes seigneurs sont honnêtes!

LE CHEVALIER

Non, je n'ai jamais rien vu de si beau que cette créature-là.

LISETTE, *à part*

Que leurs expressions sont flatteuses!... Je ne m'étonne
plus que les femmes les courent.

LE CHEVALIER, *à Frontin*

Faisons un troc, Frontin; cède-moi cette fille-là, et je t'abandonne ma vieille comtesse.

FRONTIN

Non, monsieur; j'ai les inclinations roturières; je m'en tiens à Lisette, à qui j'ai donné ma foi.

LE CHEVALIER

Va, tu peux te vanter d'être le plus heureux faquin !... (*à Lisette*) Oui, belle Lisette, vous méritez...

LISETTE, *l'interrompant*

Trêve de douceurs, monsieur le chevalier. Je vais me présenter à ma maîtresse, qui ne m'a point encore vue; vous pouvez venir, si vous voulez, continuer devant elle la conversation.

(*Elle passe dans la chambre de la baronne.*)

SCÈNE XI

LE CHEVALIER   FRONTIN

LE CHEVALIER

Parlons de choses sérieuses, Frontin. Je n'apporte point à la baronne l'argent de son billet.

FRONTIN

Tant pis.

LE CHEVALIER

J'ai été chercher un usurier qui m'a déjà prêté de l'argent, mais il n'est plus à Paris. Des affaires, qui lui sont survenues, l'ont obligé d'en sortir brusquement; ainsi je vais te charger du billet.

FRONTIN

Pourquoi?

LE CHEVALIER

Ne m'as-tu pas dit que tu connaissais un agent de change, qui te donnerait de l'argent à l'heure même?

FRONTIN

Cela est vrai, mais que direz-vous à madame la baronne? Si vous lui dites que vous avez encore son billet, elle verra bien que nous n'avions pas mis son brillant en gage; car enfin elle n'ignore pas qu'un homme qui prête ne se dessaisit pas pour rien de son nantissement.

LE CHEVALIER

Tu as raison; aussi suis-je d'avis de lui dire que j'ai touché l'argent, qu'il est chez moi, et que demain matin tu le feras apporter ici. Pendant ce temps-là, cours chez ton agent de change, et fais porter au logis l'argent que tu en recevras. Je vais t'y attendre aussitôt que j'aurai parlé à la baronne.

(*Il entre dans la chambre de la baronne.*)

SCÈNE XII

FRONTIN, *seul*

Je ne manque pas d'occupation, Dieu merci! Il faut que j'aille chez le traiteur, de là chez l'agent de change; de chez l'agent de change au logis, et puis il faudra que je revienne ici joindre M. Turcaret. Cela s'appelle, ce me semble, une vie assez agissante... Mais, patience! après quelque temps de fatigue et de peine, je parviendrai enfin à un état d'aise. Alors quelle satisfaction! quelle tranquillité d'esprit!... Je n'aurai plus à mettre en repos que ma conscience.

FIN DU SECOND ACTE

ACTE III

SCÈNE PREMIÈRE

LA BARONNE   FRONTIN   LISETTE

LA BARONNE

Eh bien! Frontin, as-tu commandé le soupé? fera-t-on grand'chère?

FRONTIN

Je vous en réponds, madame; demandez à Lisette de quelle manière je régale pour mon compte, et jugez par-là de ce que je sais faire lorsque je régale aux dépens des autres.

LISETTE, *à la baronne*

Il est vrai, madame; vous pouvez vous en fier à lui.

FRONTIN, *à la baronne*

M. le chevalier m'attend. Je vais lui rendre compte de l'arrangement de son repas, et puis je viendrai ici prendre possession de M. Turcaret, mon nouveau maître.

(*Il sort.*)

SCÈNE II

LA BARONNE   LISETTE

LISETTE

Ce garçon-là est un garçon de mérite, madame.

LA BARONNE

Il me paraît que vous n'en manquez pas, vous, Lisette.

LISETTE

Il a beaucoup de savoir-faire.

LA BARONNE

Je ne vous crois pas moins habile.

LISETTE

Je serais bien heureuse, madame, si mes petits talents pouvaient vous être utiles.

LA BARONNE

Je suis contente de vous... Mais j'ai un avis à vous donner; je ne veux pas qu'on me flatte.

LISETTE

Je suis ennemie de la flatterie.

LA BARONNE

Surtout, quand je vous consulterai sur des choses qui me regarderont, soyez sincère.

LISETTE

Je n'y manquerai pas.

LA BARONNE

Je vous trouve pourtant trop de complaisance.

LISETTE

À moi, madame?

LA BARONNE

Oui; vous ne combattez pas assez les sentiments que j'ai pour le chevalier.

LISETTE

Et pourquoi les combattre? ils sont si raisonnables!

LA BARONNE

J'avoue que le chevalier me paraît digne de toute ma tendresse.

LISETTE

J'en fais le même jugement.

LA BARONNE

Il a pour moi une passion véritable et constante.

LISETTE

Un chevalier fidèle et sincère; on n'en voit guère comme cela.

LA BARONNE

Aujourd'hui même encore il m'a sacrifié une comtesse.

LISETTE

Une comtesse?

LA BARONNE

Elle n'est pas, à la vérité, dans la première jeunesse.

LISETTE

C'est ce qui rend le sacrifice plus beau. Je connais messieurs les chevaliers; une vieille dame leur coûte plus qu'une autre à sacrifier.

LA BARONNE

Il vient de me rendre compte d'un billet que je lui ai confié. Que je lui trouve de bonne foi!

LISETTE

Cela est admirable!

LA BARONNE

Il a une probité qui va jusqu'au scrupule.

LISETTE

Mais, mais voilà un chevalier unique en son espèce!

LA BARONNE

Taisons-nous; j'aperçois M. Turcaret.

SCÈNE III

M. TURCARET   LA BARONNE   LISETTE

M. TURCARET, *à la baronne*

Je viens, madame... (*apercevant Lisette.*)   Oh! oh! vous avez une nouvelle femme de chambre?

LA BARONNE

Oui, monsieur.   Que vous semble de celle-ci?

M. TURCARET, *examinant Lisette*

Ce qu'il m'en semble? elle me revient assez; il faudra que nous fassions connaissance.

LISETTE

La connaissance sera bientôt faite, monsieur.

LA BARONNE, *à Lisette*

Vous savez qu'on soupe ici?   Donnez ordre que nous ayons un couvert propre, et que l'appartement soit bien éclairé.

(*Lisette sort.*)

SCÈNE IV

M. TURCARET   LA BARONNE

M. TURCARET

Je crois cette fille-là fort raisonnable.

LA BARONNE

Elle est fort dans vos intérêts, du moins.

M. TURCARET

Je lui en sais bon gré... Je viens, madame, de vous acheter pour dix mille francs de glaces, de porcelaines et de bureaux. Ils sont d'un goût exquis; je les ai choisis moi-même.

LA BARONNE

Vous êtes universel, monsieur; vous vous connaissez à tout.

M. TURCARET

Oui! grâce au Ciel, et surtout en bâtiment. Vous verrez, vous verrez l'hôtel que je vais faire bâtir.

LA BARONNE

Quoi! vous allez faire bâtir un hôtel?

M. TURCARET

J'ai déjà acheté la place, qui contient quatre arpents, six perches, neuf toises, trois pieds et onze pouces. N'est-ce pas là une belle étendue?

LA BARONNE

Fort belle!

M. TURCARET

Le logis sera magnifique. Je ne veux pas qu'il y manque un zéro; je le ferais plutôt abattre deux ou trois fois.

LA BARONNE

Je n'en doute pas.

M. TURCARET

Malepeste! je n'ai garde de faire quelque chose de commun, je me ferais siffler de tous les gens d'affaires.

LA BARONNE

Assurément.

M. TURCARET, *voyant entrer le marquis*

Quel homme entre ici?

LA BARONNE, *bas*

C'est ce jeune marquis dont je vous aï dit que Marine avait épousé les intérêts. Je me passerais bien de ses visites; elles ne me font aucun plaisir.

SCÈNE V

LE MARQUIS   M. TURCARET   LA BARONNE

LE MARQUIS, *à part*

Je parie que je ne trouverai point encore ici le chevalier.

M. TURCARET, *à part*

Ah! morbleu! c'est le marquis de La Tribaudière... La fâcheuse rencontre!

LE MARQUIS, *à part*

Il y a près de deux jours que je le cherche... (*apercevant M. Turcaret.*) Eh! que vois-je?... Oui... Non... Pardonnez-moi... Justement... c'est lui-même, c'est monsieur Turcaret... (*à la baronne*) Que faites-vous de cet homme-là, madame? Vous le connaissez... Vous empruntez sur gages? Palsembleu! il vous ruinera.

LA BARONNE

Monsieur le marquis!...

LE MARQUIS, *l'interrompant*

Il vous pillera, il vous écorchera, je vous en avertis. C'est l'usurier le plus juif: il vend son argent au poids de l'or.

M. TURCARET, *à part*

J'aurais mieux fait de m'en aller.

LA BARONNE, *au marquis*

Vous vous méprenez, monsieur le marquis. M. Turcaret passe dans le monde pour un homme de bien et d'honneur.

LE MARQUIS

Aussi l'est-il, madame, aussi l'est-il. Il aime le bien des hommes et l'honneur des femmes: il a cette réputation-là.

M. TURCARET

Vous aimez à plaisanter, monsieur le marquis... (*à la baronne*) Il est badin, madame, il est badin. Ne le connaissez-vous pas sur ce pied-là?

LA BARONNE

Oui, je comprends bien qu'il badine, ou qu'il est mal informé.

LE MARQUIS

Mal informé? morbleu! Madame, personne ne saurait vous en parler mieux que moi: il a de mes nippes actuellement.

M. TURCARET

De vos nippes, monsieur? Oh! je ferais bien serment du contraire.

LE MARQUIS

Ah! parbleu, vous avez raison! Le diamant est à vous à l'heure qu'il est, selon nos conventions; j'ai laissé passer le terme.

LA BARONNE

Expliquez-moi tous deux cette énigme.

M. TURCARET

Il n'y a point d'énigme là-dedans, madame. Je ne sais ce que c'est.

LE MARQUIS, *à la baronne*

Il a raison: cela est fort clair; il n'y a point d'énigme.
J'eus besoin d'argent il y a quinze mois. J'avais un brillant de cinq cents louis; on m'adressa à M. Turcaret.
M. Turcaret me renvoya à un de ses commis, à un certain
M. Ra... Ra... Rafle. C'est celui qui tient son bureau
d'usure. Cet honnête M. Rafle me prêta, sur ma bague,
onze cent trente-deux livres six sous huit deniers. Il me
prescrivit un temps pour la retirer. Je ne suis pas fort
exact, moi: le temps est passé; mon diamant est perdu.

M. TURCARET

Monsieur le marquis, monsieur le marquis, ne me con-
fondez point avec M. Rafle, je vous prie. C'est un fripon
que j'ai chassé de chez moi. S'il a fait quelque mauvaise
manœuvre, vous avez la voie de la justice. Je ne sais ce
que c'est que votre brillant: je ne l'ai jamais vu ni manié.

LE MARQUIS

Il me venait de ma tante. C'était un des plus beaux
brillants. Il était d'une netteté, d'une forme, d'une gros-
seur, à peu près comme... (*regardant le diamant de la
baronne.*) Eh!... le voilà, madame. Vous vous en êtes
accommodée avec M. Turcaret, apparemment?

LA BARONNE

Autre méprise, monsieur. Je l'ai acheté, assez cher
même, d'une revendeuse à la toilette.

LE MARQUIS

Cela vient de lui, madame. Il a des revendeuses à sa
disposition, et, à ce qu'on dit, même dans sa famille.

M. TURCARET

Monsieur! monsieur!...

LA BARONNE, *au marquis*

Vous êtes insultant, monsieur le marquis.

LE MARQUIS

Non, madame; mon dessein n'est pas d'insulter: je suis trop serviteur de M. Turcaret, quoiqu'il me traite durement. Nous avons eu autrefois ensemble un petit commerce d'amitié. Il était laquais de mon grand-père; il me portait sur ses bras. Nous jouions tous les jours ensemble; nous ne nous quittions presque point. Le petit ingrat ne s'en souvient plus.

M. TURCARET

Je me souviens... je me souviens... Le passé est passé; je ne songe qu'au présent.

LA BARONNE, *au marquis*

De grâce, monsieur le marquis, changeons de discours. Vous cherchez M. le chevalier.

LE MARQUIS

Je le cherche partout, madame; aux spectacles, au cabaret, au bal, au lansquenet: je ne le trouve nulle part. Ce coquin-là se débauche; il devient libertin.

LA BARONNE

Je lui en ferai des reproches.

LE MARQUIS

Je vous en prie... Pour moi, je ne change point: je mène une vie réglée; je suis toujours à table, et l'on me fait crédit chez Fite et chez Lamorlière, parce que l'on sait que je dois bientôt hériter d'une vieille tante, et qu'on me voit une disposition plus que prochaine à manger sa succession.

LA BARONNE

Vous n'êtes pas une mauvaise pratique pour les traiteurs.

LE MARQUIS

Non, madame, ni pour les traitants. N'est-ce pas, monsieur Turcaret? Ma tante, pourtant, veut que je me corrige; et, pour lui faire accroire qu'il y a déjà du changement dans ma conduite, je vais la voir dans l'état où je suis. Elle sera tout étonnée de me trouver si raisonnable, car elle m'a presque toujours vu ivre.

LA BARONNE

Effectivement, monsieur le marquis, c'est une nouveauté que de vous voir autrement. Vous avez fait aujourd'hui un excès de sobriété.

LE MARQUIS

J'ai soupé hier avec trois des plus jolies femmes de Paris. Nous avons bu jusqu'au jour; et j'ai été faire un petit somme chez moi, afin de pouvoir me présenter à jeun devant ma tante.

LA BARONNE

Vous avez bien de la prudence.

LE MARQUIS

Adieu, ma tout aimable!... Dites au chevalier qu'il se rende un peu à ses amis. Prêtez-le-nous quelquefois, ou je viendrai si souvent ici, que je l'y trouverai. Adieu, monsieur Turcaret. Je n'ai point de rancune, au moins (*lui présentant la main*). Touchez-là: renouvelons notre ancienne amitié. Mais dites un peu à votre âme damnée, à ce M. Rafle, qu'il me traite plus humainement la première fois que j'aurai besoin de lui.

(*Il sort.*)

SCÈNE VI

M. TURCARET   LA BARONNE

M. TURCARET

Voilà une mauvaise connaissance, madame: c'est le plus
grand fou et le plus grand menteur que je connaisse.

LA BARONNE

C'est en dire beaucoup.

M. TURCARET

Que j'ai souffert pendant cet entretien!

LA BARONNE

Je m'en suis aperçue.

M. TURCARET

Je n'aime point les malhonnêtes gens.

LA BARONNE

Vous avez bien raison.

M. TURCARET

J'ai été si surpris d'entendre les choses qu'il a dites, que
je n'ai pas eu la force de répondre.   Ne l'avez-vous pas
remarqué?

LA BARONNE

Vous en avez usé sagement.   J'ai admiré votre modéra-
tion.

M. TURCARET

Moi, usurier? quelle calomnie!

LA BARONNE

Cela regarde plus M. Rafle que vous.

M. TURCARET

Vouloir faire aux gens un crime de leur prêter sur gages!... Il vaut mieux prêter sur gages que prêter sur rien.

LA BARONNE

Assurément.

M. TURCARET

Me venir dire au nez que j'ai été laquais de son grand-père! rien n'est plus faux: je n'ai jamais été que son homme d'affaires.

LA BARONNE

Quand cela serait vrai; le beau reproche! il y a si long-temps... cela est prescrit.

M. TURCARET

Oui, sans doute.

LA BARONNE

Ces sortes de mauvais contes ne font aucune impression sur mon esprit; vous êtes trop bien établi dans mon cœur.

M. TURCARET

C'est trop de grâce que vous me faites.

LA BARONNE

Vous êtes un homme de mérite.

M. TURCARET

Vous vous moquez.

LA BARONNE

Un vrai homme d'honneur.

M. TURCARET

Oh! point du tout.

LA BARONNE

Et vous avez trop l'air et les manières d'une personne de condition pour pouvoir être soupçonné de ne l'être pas.

SCÈNE VII

LA BARONNE   M. TURCARET   FLAMAND

FLAMAND, *à M. Turcaret*

Monsieur...

M. TURCARET

Que me veux-tu?

FLAMAND

Il est là-bas, qui vous demande.

M. TURCARET

Qui? butor!

FLAMAND

Ce monsieur que vous savez... là, ce monsieur... monsieur... chose...

M. TURCARET

Monsieur chose?

FLAMAND

Eh! oui, ce commis que vous aimez tant. Drès qu'il vient pour deviser avec vous, tout aussitôt vous faites sortir tout le monde, et ne voulez pas que personne vous écoute.

M. TURCARET

C'est M. Rafle, apparemment?

FLAMAND

Oui, tout fin dret, monsieur; c'est lui-même.

M. TURCARET

Je vais le trouver; qu'il m'attende.

LA BARONNE

Ne disiez-vous pas que vous l'aviez chassé?

M. TURCARET

Oui; et c'est pour cela qu'il vient ici. Il cherche à se raccommoder. Dans le fond, c'est un assez bon homme, homme de confiance. Je vais savoir ce qu'il me veut.

LA BARONNE

Eh! non, non... (*à Flamand*) Faites-le monter, Flamand.

(*Flamand sort.*)

SCÈNE VIII

M. TURCARET   LA BARONNE

LA BARONNE

Monsieur, vous lui parlerez dans cette salle. N'êtes-vous pas ici chez vous?

M. TURCARET

Vous êtes bien honnête, madame.

LA BARONNE

Je ne veux point troubler votre conversation. Je vous laisse... N'oubliez pas la prière que je vous ai faite en faveur de Flamand.

M. TURCARET

Mes ordres sont déjà donnés pour cela: vous serez contente.

(*La baronne rentre dans sa chambre.*)

SCÈNE IX

M. TURCARET   M. RAFLE

M. TURCARET

De quoi est-il question, monsieur Rafle? Pourquoi me venir chercher jusqu'ici? Ne savez-vous pas bien que quand on vient chez les dames, ce n'est pas pour y entendre parler d'affaires?

M. RAFLE

L'importance de celles que j'ai à vous communiquer doit me servir d'excuse.

M. TURCARET

Qu'est-ce que c'est donc que ces choses d'importance?

M. RAFLE

Peut-on parler ici librement?

M. TURCARET

Oui, vous le pouvez; je suis le maître: parlez.

M. RAFLE, *tirant des papiers de sa poche et regardant dans un bordereau*

Premièrement, cet enfant de famille à qui nous prêtâmes l'année passée trois mille livres, et à qui je fis faire un billet de neuf par votre ordre, se voyant sur le point d'être inquiété pour le paiement, a déclaré la chose à son oncle le président, qui, de concert avec toute la famille, travaille actuellement à vous perdre.

M. TURCARET

Peine perdue que ce travail-là... Laissons-les venir; je ne prends pas facilement l'épouvante.

M. RAFLE, *après avoir regardé de nouveau dans son bordereau*

Ce caissier que vous avez cautionné, et qui vient de faire banqueroute de deux cent mille écus...

M. TURCARET, *l'interrompant*

C'est par mon ordre qu'il... Je sais où il est.

M. RAFLE

Mais les procédures se font contre vous. L'affaire est sérieuse et pressante.

M. TURCARET

On l'accommodera. J'ai pris mes mesures: cela sera réglé demain.

M. RAFLE

J'ai peur que ce ne soit trop tard.

M. TURCARET

Vous êtes trop timide... Avez-vous passé chez ce jeune homme de la rue Quincampoix, à qui j'ai fait avoir une caisse?

M. RAFLE

Oui, monsieur. Il veut bien vous prêter vingt mille francs des premiers deniers qu'il touchera, à condition qu'il fera valoir à son profit ce qui pourra lui rester à la compagnie, et que vous prendrez son parti si l'on vient à s'apercevoir de la manœuvre.

M. TURCARET

Cela est dans les règles; il n'y a rien de plus juste: voilà un garçon raisonnable. Vous lui direz, monsieur Rafle, que je le protégerai dans toutes ses affaires... Y a-t-il encore quelque chose?

M. RAFLE, *après avoir encore regardé dans le
bordereau*

Ce grand homme sec qui vous donna, il y a deux mois,
deux mille francs pour une direction que vous lui avez fait
avoir à Valogne...

M. TURCARET, *l'interrompant*

Eh bien?

M. RAFLE

Il lui est arrivé un malheur.

M. TURCARET

Quoi?

M. RAFLE

On a surpris sa bonne foi; on lui a volé quinze mille
francs... Dans le fond, il est trop bon.

M. TURCARET

Trop bon! trop bon! Eh! pourquoi diable s'est-il donc
mis dans les affaires?... Trop bon! trop bon!

M. RAFLE

Il m'a écrit une lettre fort touchante, par laquelle il vous
prie d'avoir pitié de lui.

M. TURCARET

Papier perdu, lettre inutile.

M. RAFLE

Et de faire en sorte qu'il ne soit point révoqué.

M. TURCARET

Je ferai plutôt en sorte qu'il le soit: l'emploi me reviendra; je le donnerai à un autre pour le même prix.

M. RAFLE

C'est ce que j'ai pensé comme vous.

M. TURCARET

J'agirais contre mes intérêts; je mériterais d'être cassé à la tête de la compagnie.

M. RAFLE

Je ne suis pas plus sensible que vous aux plaintes des sots... Je lui ai déjà fait réponse, et lui ai mandé tout net qu'il ne devait point compter sur vous.

M. TURCARET

Non, parbleu!

M. RAFLE, *regardant pour la dernière fois dans son bordereau*

Voulez-vous prendre, au denier quatorze, cinq mille francs qu'un honnête serrurier de ma connaissance a amassés par son travail et par ses épargnes?

M. TURCARET

Oui, oui, cela est bon: je lui ferai ce plaisir-là. Allez me le chercher; je serai au logis dans un quart d'heure. Qu'il apporte l'espèce. Allez, allez.

M. RAFLE, *faisant quelques pas pour sortir et revenant*

J'oubliais la principale affaire: je ne l'ai pas mise sur mon agenda.

M. TURCARET

Qu'est-ce que c'est que cette principale affaire?

M. RAFLE

Une nouvelle qui vous surprendra fort. Madame Turcaret est à Paris.

M. TURCARET, *à demi-voix*

Parlez bas, monsieur Rafle, parlez bas.

M. RAFLE, *à demi-voix*

Je la rencontrai hier dans un fiacre avec une manière de jeune seigneur, dont le visage ne m'est pas tout-à-fait inconnu, et que je viens de trouver dans cette rue-ci en arrivant.

M. TURCARET, *à demi-voix*

Vous ne lui parlâtes point?

M. RAFLE, *à demi-voix*

Non; mais elle m'a fait prier ce matin de ne vous en rien dire, et de vous faire souvenir seulement qu'il lui est dû quinze mois de la pension de quatre mille livres que vous lui donnez pour la tenir en province: elle ne s'en retournera point qu'elle ne soit payée.

M. TURCARET, *à demi-voix*

Oh! ventrebleu! monsieur Rafle, qu'elle le soit. Défaisons-nous promptement de cette créature-là. Vous lui porterez dès aujourd'hui les cinq cents pistoles du serrurier; mais qu'elle parte dès demain.

M. RAFLE, *à demi-voix*

Oh! elle ne demandera pas mieux. Je vais chercher le bourgeois et le mener chez vous.

M. TURCARET, *à demi-voix*

Vous m'y trouverez.

(*M. Rafle sort.*)

SCÈNE X

M. TURCARET, *seul*

Malepeste! ce serait une sotte aventure si madame Turcaret s'avisait de venir en cette maison: elle me perdrait dans l'esprit de ma baronne, à qui j'ai fait accroire que j'étais veuf.

SCÈNE XI

LISETTE   M. TURCARET

LISETTE

Madame m'a envoyée savoir, monsieur, si vous étiez encore ici en affaire.

M. TURCARET

Je n'en avais point, mon enfant. Ce sont des bagatelles dont de pauvres diables de commis s'embarrassent la tête, parce qu'ils ne sont pas faits pour les grandes choses.

SCÈNE XII

M. TURCARET   LISETTE   FRONTIN

FRONTIN, *à M. Turcaret*

Je suis ravi, monsieur, de vous trouver en conversation avec cette aimable personne. Quelque intérêt que j'y prenne, je me garderai bien de troubler un si doux entretien.

M. TURCARET

Tu ne seras point de trop. Approche, Frontin, je te regarde comme un homme tout à moi, et je veux que tu m'aides à gagner l'amitié de cette fille-là.

LISETTE

Cela ne sera pas bien difficile.

FRONTIN, *à M. Turcaret*

Oh! pour cela non. Je ne sais pas, monsieur, sous quelle heureuse étoile vous êtes né; mais tout le monde a naturellement un grand faible pour vous.

M. TURCARET

Cela ne vient point de l'étoile, cela vient des manières.

LISETTE

Vous les avez si belles, si prévenantes!

M. TURCARET

Comment le sais-tu?

LISETTE

Depuis le temps que je suis ici, je n'entends dire autre chose à madame la baronne.

M. TURCARET

Tout de bon?

FRONTIN

Cette femme-là ne saurait cacher sa faiblesse: elle vous aime si tendrement!... Demandez, demandez à Lisette.

LISETTE

Oh! c'est vous qu'il faut en croire, M. Frontin.

FRONTIN

Non, je ne comprends pas moi-même tout ce que je sais là-dessus; et ce qui m'étonne davantage, c'est l'excès où cette passion est parvenue, sans pourtant que M. Turcaret se soit donné beaucoup de peine pour chercher à le mériter.

M. TURCARET

Comment, comment l'entends-tu?

FRONTIN

Je vous ai vu vingt fois, monsieur, manquer d'attention pour certaines choses...

M. TURCARET, *l'interrompant*

Oh! parbleu! je n'ai rien à me reprocher là-dessus.

LISETTE

Oh! non: je suis sûre que monsieur n'est pas homme à laisser échapper la moindre occasion de faire plaisir aux personnes qu'il aime. Ce n'est que par-là qu'on mérite d'être aimé.

FRONTIN, *à M. Turcaret*

Cependant, monsieur ne le mérite pas autant que je le voudrais.

M. TURCARET

Explique-toi donc.

FRONTIN

Oui; mais ne trouvez-vous point mauvais qu'en serviteur fidèle et sincère je prenne la liberté de vous parler à cœur ouvert?

M. TURCARET

Parle.

FRONTIN

Vous ne répondez pas assez à l'amour que madame la baronne a pour vous.

M. TURCARET

Je n'y réponds pas?

FRONTIN

Non, monsieur... (*à Lisette*) Je t'en fais juge, Lisette. Monsieur, avec tout son esprit, fait des fautes d'attention.

M. TURCARET

Qu'appelles-tu donc des fautes d'attention?

FRONTIN

Un certain oubli, certaine négligence...

M. TURCARET

Mais encore?

FRONTIN

Mais, par exemple, n'est-ce pas une chose honteuse que vous n'ayez pas encore songé à lui faire présent d'un équipage?

LISETTE, *à M. Turcaret*

Ah! pour cela, monsieur, il a raison.   Vos commis en donnent bien à leurs maîtresses.

M. TURCARET

À quoi bon un équipage?   N'a-t-elle pas le mien dont elle dispose quand il lui plaît?

FRONTIN

Oh! monsieur, avoir un carrosse à soi, ou être obligé d'emprunter ceux de ses amis, cela est bien différent.

LISETTE, *à M. Turcaret*

Vous êtes trop dans le monde pour ne le pas connaître. La plupart des femmes sont plus sensibles à la vanité d'avoir un équipage qu'au plaisir même de s'en servir.

M. TURCARET

Oui, je comprends cela.

FRONTIN

Cette fille-là, monsieur, est de fort bon sens.   Elle ne parle pas mal, au moins.

M. TURCARET

Je ne te trouve pas si sot, non plus, que je t'ai cru d'abord, toi, Frontin.

FRONTIN

Depuis que j'ai l'honneur d'être à votre service, je sens, de moment en moment, que l'esprit me vient.   Oh! je prévois que je profiterai beaucoup avec vous.

M. TURCARET

Il ne tiendra qu'à toi.

FRONTIN

Je vous proteste, monsieur, que je ne manque pas de bonne volonté. Je donnerais donc à madame la baronne un bon grand carrosse, bien étoffé.

M. TURCARET

Elle en aura un. Vos réflexions sont justes: elles me déterminent.

FRONTIN

Je savais bien que ce n'était qu'une faute d'attention.

M.·TURCARET

Sans doute; et, pour marque de cela, je vais de ce pas commander un carrosse.

FRONTIN

Fi donc! monsieur, il ne faut pas que vous paraissiez là-dedans, vous; il ne serait pas honnête que l'on sût dans le monde que vous donnez un carrosse à madame la baronne. Servez-vous d'un tiers, d'une main étrangère, mais fidèle. Je connais deux ou trois selliers qui ne savent point encore que je suis à vous; si vous voulez, je me chargerai du soin.

M. TURCARET, *l'interrompant*

Volontiers. Tu me parais assez entendu; je m'en rapporte à toi... (*Lui donnant sa bourse.*) Voilà soixante pistoles que j'ai de reste dans ma bourse, tu les donneras à compte.

FRONTIN, *prenant la bourse*

Je n'y manquerai pas, monsieur. À l'égard des chevaux, j'ai un maître maquignon, qui est mon neveu à la mode de Bretagne; il vous en fournira de fort beaux.

M. TURCARET

Qu'il me vendra bien cher, n'est-ce pas?

FRONTIN

Non, monsieur, il vous les vendra en conscience.

M. TURCARET

La conscience d'un maquignon!

FRONTIN

Oh! je vous en réponds, comme la mienne.

M. TURCARET

Sur ce pied-là, je me servirai de lui.

FRONTIN

Autre faute d'attention...

M. TURCARET, *l'interrompant*

Oh! va te promener avec tes fautes d'attention... Ce quin-là me ruinerait à la fin... Tu diras, de ma part, à adame la baronne, qu'une affaire, qui sera bientôt terinée, m'appelle au logis.

(*Il sort.*)

SCÈNE XIII

FRONTIN   LISETTE

FRONTIN

Cela ne commence pas mal.

LISETTE

Non, pour madame la baronne; mais pour nous?

FRONTIN

Voilà toujours soixante pistoles que nous pouvons garder. Je les gagnerai bien sur l'équipage; serre-les: ce sont les premiers fondements de notre communauté.

LISETTE

Oui; mais il faut promptement bâtir sur ces fondements-là; car je fais des réflexions morales, je t'en avertis.

FRONTIN

Peut-on les savoir?

LISETTE

Je m'ennuie d'être soubrette.

FRONTIN

Comment, diable! tu deviens ambitieuse?

LISETTE

Oui, mon enfant. Il faut que l'air qu'on respire dans une maison fréquentée par un financier soit contraire à la modestie; car, depuis le peu de temps que j'y suis, il me vient des idées de grandeur que je n'ai jamais eues. Hâte-toi d'amasser du bien, autrement quelque engagement que nous ayons ensemble, le premier riche faquin qui viendra de m'épouser...

FRONTIN

Mais donne-moi donc le temps de m'enrichir.

LISETTE

Je te donne trois ans; c'est assez pour un homme d'esprit.

FRONTIN

Je ne t'en demande pas davantage... C'est assez, ma princesse. Je vais ne rien épargner pour vous mériter; et, si je manque d'y réussir, ce ne sera pas faute d'attention.

SCÈNE XIV

LISETTE, *seule*

Je ne saurais m'empêcher d'aimer ce Frontin : c'est mon chevalier, à moi ; et, au train que je lui vois prendre, j'ai un secret pressentiment qu'avec ce garçon-là je deviendrai quelque jour femme de qualité.

FIN DU TROISIÈME ACTE

ACTE IV

SCÈNE PREMIÈRE

LE CHEVALIER   FRONTIN

LE CHEVALIER

Que fais-tu ici? Ne m'avais-tu pas dit que tu retour-
nerais chez ton agent de change? Est-ce que tu ne l'aurais
pas encore trouvé au logis?

FRONTIN

Pardonnez-moi, monsieur; mais il n'était pas en fonds;
il n'avait pas chez lui toute la somme. Il m'a dit de re-
tourner ce soir. Je vais vous rendre le billet, si vous
le voulez.

LE CHEVALIER

Eh! garde-le; que veux-tu que j'en fasse?... La baronne
est là-dedans? Que fait-elle?

FRONTIN

Elle s'entretient avec Lisette d'un carrosse que je vais
ordonner pour elle, et d'une certaine maison de campagne
qui lui plaît, et qu'elle veut louer, en attendant que je lui
en fasse faire l'acquisition.

LE CHEVALIER

Un carrosse, une maison de campagne? Quelle folie!

FRONTIN

Oui; mais tout cela se doit faire aux dépens de M. Turcaret. Quelle sagesse!

LE CHEVALIER

Cela change la thèse.

FRONTIN

Il n'y a qu'une chose qui l'embarrassait.

LE CHEVALIER

Eh! quoi?

FRONTIN

Une petite bagatelle.

LE CHEVALIER

Dis-moi donc ce que c'est?

FRONTIN

Il faut meubler cette maison de campagne. Elle ne savait comment engager à cela M. Turcaret; mais le génie supérieur qu'elle a placé auprès de lui s'est chargé de ce soin-là.

LE CHEVALIER

De quelle manière t'y prendras-tu?

FRONTIN

Je vais chercher un vieux coquin de ma connaissance, qui nous aidera à tirer dix mille francs dont nous avons besoin pour nous meubler.

LE CHEVALIER

As-tu bien fait attention à ton stratagème?

FRONTIN

Oh! que oui, monsieur; c'est mon fort que l'attention. J'ai tout cela dans ma tête; ne vous mettez pas en peine. Un petit acte supposé... un faux exploit...

LE CHEVALIER, *l'interrompant*

Mais, prends-y garde, Frontin; M. Turcaret sait les affaires.

FRONTIN

Mon vieux coquin les sait encore mieux que lui. C'est le plus habile, le plus intelligent écrivain!...

LE CHEVALIER

C'est une autre chose.

FRONTIN

Il a presque toujours eu son logement dans les maisons du roi, à cause de ses écritures.

LE CHEVALIER

Je n'ai plus rien à te dire.

FRONTIN

Je sais où le trouver, à coup sûr; et nos machines seront bientôt prêtes... Adieu; voilà M. le marquis qui vous cherche.

(Il sort.)

SCÈNE II

LE MARQUIS   LE CHEVALIER

LE MARQUIS

Ah! palsembleu! chevalier, tu deviens bien rare. On ne te trouve nulle part. Il y a vingt-quatre heures que je te cherche, pour te consulter sur un affaire de cœur.

LE CHEVALIER

Eh! depuis quand te mêles-tu de ces sortes d'affaires, toi?

LE MARQUIS

Depuis trois ou quatre jours.

LE CHEVALIER

Et tu m'en fais aujourd'hui la première confidence? Tu deviens bien discret.

LE MARQUIS

Je me donne au diable si j'y ai songé. Une affaire de cœur ne me tient au cœur que très faiblement, comme tu sais. C'est une conquête que j'ai faite par hasard, que je conserve par amusement, et dont je me déferai par caprice, ou par raison, peut-être.

LE CHEVALIER

Voilà un bel attachement!

LE MARQUIS

Il ne faut pas que les plaisirs de la vie nous occupent trop sérieusement. Je ne m'embarrasse de rien, moi... Elle m'avait donné son portrait; je l'ai perdu. Un autre s'en pendrait: (*faisant le geste de montrer quelque chose qui n'a nulle valeur*) je m'en soucie comme de cela.

LE CHEVALIER

Avec de pareils sentiments tu dois te faire adorer... Mais, dis-moi un peu, qu'est-ce que c'est cette femme-là?

LE MARQUIS

C'est une femme de qualité, une comtesse de province; car elle me l'a dit.

LE CHEVALIER

Eh! quel temps as-tu pris pour faire cette conquête-là? Tu dors tout le jour et bois toute la nuit ordinairement.

LE MARQUIS

Oh! non pas, non pas, s'il vous plaît; dans ce temps-ci il y a des heures de bal; c'est là qu'on trouve de bonnes occasions.

LE CHEVALIER

C'est-à-dire que c'est une connaissance de bal?

LE MARQUIS

Justement. J'y allai l'autre jour, un peu chaud de vin:
j'étais en pointe; j'agaçais les jolis masques. J'aperçois
une taille, un air de gorge, une tournure de hanches...
J'aborde, je prie, je presse, j'obtiens qu'on se démasque;
je vois une personne...

LE CHEVALIER, *l'interrompant*

Jeune, sans doute?

LE MARQUIS

Non, assez vieille.

LE CHEVALIER

Mais belle encore, et des plus agréables?

LE MARQUIS

Pas trop belle.

LE CHEVALIER

L'amour, à ce que je vois, ne t'aveugle pas.

LE MARQUIS

Je rends justice à l'objet aimé.

LE CHEVALIER

Elle a donc de l'esprit?

LE MARQUIS

Oh! pour de l'esprit, c'est un prodige! Quel flux de
pensées! quelle imagination! Elle me dit cent extravagances qui me charmèrent.

LE CHEVALIER

Quel fut le résultat de la conversation?

LE MARQUIS

Le résultat?   Je la ramenai chez elle avec sa compagnie:
je lui offris mes services; et la vieille folle les accepta.

LE CHEVALIER

Tu l'as revue depuis?

LE MARQUIS

Le lendemain au soir, dès que je fus levé, je me rendis à son hôtel.

LE CHEVALIER

Hôtel garni, apparemment?

LE MARQUIS

Oui, hôtel garni.

LE CHEVALIER

Eh bien?

LE MARQUIS

Eh bien! autre vivacité de conversation, nouvelles folies, tendres protestations de ma part, vives reparties de la sienne. Elle me donna ce maudit portrait que j'ai perdu avant-hier; je ne l'ai pas revue depuis. Elle m'a écrit; je lui ai fait réponse: elle m'attend aujourd'hui; mais je ne sais ce que je dois faire. Irai-je, ou n'irai-je pas? Que me conseilles-tu? C'est pour cela que je te cherche.

LE CHEVALIER

Si tu n'y vas pas, cela sera malhonnête.

LE MARQUIS

Oui; mais si j'y vais aussi, cela paraîtra bien empressé. La conjoncture est délicate. Marquer tant d'empressement, c'est courir après une femme; cela est bien bourgeois! qu'en dis-tu?

LE CHEVALIER

Pour te donner conseil là-dessus, il faudrait connaître cette personne-là.

LE MARQUIS

Il faut te la faire connaître.   Je veux te donner ce soir
à souper chez elle avec ta baronne.

LE CHEVALIER

Cela ne se peut pas pour ce soir; car je donne à souper ici.

LE MARQUIS

À souper ici? je t'amène ma conquête.

LE CHEVALIER

Mais la baronne...

LE MARQUIS, *l'interrompant*

Oh! la baronne s'accommodera fort de cette femme-là;
il est bon même qu'elles fassent connaissance: nous ferons
quelquefois de petites parties carrées.

LE CHEVALIER

Mais ta comtesse ne fera-t-elle pas difficulté de venir
avec toi, tête-à-tête, dans une maison?

LE MARQUIS, *l'interrompant*

Des difficultés, oh! ma comtesse n'est point difficultueuse; c'est une personne qui sait vivre, une femme
revenue des préjugés de l'éducation.

LE CHEVALIER

Eh bien! amène-la, tu nous feras plaisir.

LE MARQUIS

Tu en seras charmé, toi.   Les jolies manières!   Tu
verras une femme vive, pétulante, distraite, étourdie,
dissipée, et toujours barbouillée de tabac.   On ne la pren-
drait pas pour une femme de province.

LE CHEVALIER

Tu en fais un beau portrait! Nous verrons si tu n'es pas un peintre flatteur.

LE MARQUIS

Je vais la chercher. Sans adieu, chevalier.

LE CHEVALIER

Serviteur, marquis.   (*Le marquis sort.*)

SCÈNE III

LE CHEVALIER, *seul*

Cette charmante conquête du marquis est apparemment une comtesse comme celle que j'ai sacrifiée à la baronne.

SCÈNE IV

LA BARONNE   LE CHEVALIER

LA BARONNE

Que faites-vous donc là seul, chevalier? Je croyais que le marquis était avec vous.

LE CHEVALIER, *riant*

Il sort dans le moment, madame...! Ah! ah! ah!

LA BARONNE

De quoi riez-vous donc?

LE CHEVALIER

Ce fou de marquis est amoureux d'une femme de province, d'une comtesse qui loge en chambre garnie. Il est allé la prendre chez elle pour l'amener ici. Nous en aurons le divertissement.

LA BARONNE

Mais, dites-moi, chevalier, les avez-vous priés à souper?

LE CHEVALIER

Oui, madame: augmentation de convives, surcroît de plaisir. Il faut amuser M. Turcaret, le dissiper.

LA BARONNE

La présence du marquis le divertira mal. Vous ne savez pas qu'ils se connaissent. Ils ne s'aiment point. Il s'est passé tantôt entre eux une scène ici...

LE CHEVALIER, *l'interrompant*

Le plaisir de la table raccommode toute. Ils ne sont peut-être pas si mal ensemble qu'il soit impossible de les réconcilier. Je me charge de cela: reposez-vous sur moi. M. Turcaret est un bon sot.

LA BARONNE, *voyant entrer M. Turcaret*

Taisez-vous; je crois que le voici... Je crains qu'il ne vous ait entendu.

SCÈNE V

M. TURCARET   LA BARONNE   LE CHEVALIER

LE CHEVALIER, *à M. Turcaret, en l'embrassant*

M. Turcaret veut bien permettre qu'on l'embrasse, et qu'on lui témoigne la vivacité du plaisir qu'on aura tantôt de se trouver avec lui le verre à la main.

M. TURCARET, *avec embarras*

Le plaisir de cette vivacité-là... monsieur, sera... bien réciproque. L'honneur que je reçois d'une part, joint à... la satisfaction que... l'on trouve de l'autre... (*montrant la baronne*) avec madame, fait en vérité que... je vous assure... que... je suis fort aise de cette partie-là.

LA BARONNE

Vous allez, monsieur, vous engager dans des compliments qui embarrasseront aussi M. le chevalier; vous ne
finirez ni l'un ni l'autre.

LE CHEVALIER

Ma cousine a raison; supprimons la cérémonie, et ne
songeons qu'à nous réjouir.   Vous aimez la musique?

M. TURCARET

Si je l'aime? malepeste!   Je suis abonné à l'Opéra.

LE CHEVALIER

C'est la passion dominante des gens du beau monde.

M. TURCARET

C'est la mienne.

LE CHEVALIER

La musique remue les passions.

M. TURCARET

Terriblement!   Une belle voix soutenue d'une trompette,
cela jette dans une douce rêverie.

LA BARONNE

Que vous avez le goût bon.

LE CHEVALIER, *à M. Turcaret*

Oui, vraiment... Que je suis un grand sot de n'avoir pas
songé à cet instrument-là... (*voulant sortir.*)   Oh! parbleu! puisque vous êtes dans le goût des trompettes, je vais
moi-même donner ordre...

M. TURCARET, *l'arrêtant*

Je ne souffrirai point cela, monsieur le chevalier.   Je ne
prétends point que pour une trompette...

LA BARONNE, *bas à M. Turcaret*

Laissez-le aller, monsieur.

(*Le chevalier sort.*)

SCÈNE VI

M. TURCARET   LA BARONNE

LA BARONNE

Et quand nous pouvons être seuls quelques moments ensemble, épargnons-nous, autant qu'il nous sera possible, la présence des importuns.

M. TURCARET

Vous m'aimez plus que je ne mérite, madame.

LA BARONNE

Qui ne vous aimerait pas?   Mon cousin le chevalier lui-même a toujours eu un attachement pour vous...

M. TURCARET, *l'interrompant*

Je lui suis bien obligé.

LA BARONNE

Une attention pour tout ce qui peut vous plaire...

M. TURCARET, *l'interrompant*

Il me paraît fort bon garçon.

SCÈNE VII

LA BARONNE   M. TURCARET   LISETTE

LA BARONNE, *à Lisette*

Qu'y a-t-il, Lisette?

LISETTE

Un homme vêtu de gris-noir, avec un rabat sale et une vieille perruque... (*bas.*) Ce sont les meubles de la maison de campagne.

LA BARONNE

Qu'on fasse entrer.

SCÈNE VIII

M. TURCARET   LA BARONNE   FRONTIN
LISETTE   M. FURET

M. FURET, *à la baronne et Lisette*

Qui de vous deux, mesdames, est la maîtresse de céans?

LA BARONNE

C'est moi. Que voulez-vous?

M. FURET

Je ne répondrai point qu'au préalable, je ne me sois donné l'honneur de vous saluer, vous, madame, et toute l'honorable compagnie, avec tout le respect dû et requis.

M. TURCARET, *à part*

Voilà un plaisant original!

LISETTE, *à M. Furet*

Sans tant de façons, monsieur, dites-nous au préalable qui vous êtes.

M. FURET

Je suis huissier à verge, à votre service; et je me nomme M. Furet.

LA BARONNE

Chez moi un huissier!

FRONTIN

Cela est bien insolent.

M. TURCARET, *à la baronne*

Voulez-vous, madame, que je jette ce drôle-là par les fenêtres? Ce n'est pas le premier coquin que...

M. FURET, *l'interrompant*

Tout beau, monsieur! D'honnêtes huissiers comme moi ne sont point exposés à de pareilles aventures. J'exerce mon petit ministère d'une façon si obligeante, que toutes les personnes de qualité se font un plaisir de recevoir un exploit de ma main (*tirant un papier de sa poche*). En voici un que j'aurai, s'il vous plaît, l'honneur (avec votre permission, monsieur), que j'aurai l'honneur de présenter respectueusement à madame... sous votre bon plaisir, monsieur.

LA BARONNE

Un exploit à moi?... (*à Lisette*) Voyez ce que c'est, Lisette!

LISETTE

Moi, madame, je n'y connais rien: je ne sais lire que des billets doux... (*à Frontin*) Regarde, toi, Frontin.

FRONTIN

Je n'entends pas encore les affaires.

M. FURET, *à la baronne*

C'est pour une obligation que défunt M. le baron de Porcandorf, votre époux...

LA BARONNE, *l'interrompant*

Feu mon époux, monsieur? Cela ne me regarde point; j'ai renoncé à la communauté.

M. TURCARET

Sur ce pied-là, on n'a rien à vous demander.

M. FURET

Pardonnez-moi, monsieur, l'acte étant signé par madame.

M. TURCARET, *l'interrompant*

L'acte est donc solidaire?

M. FURET

Oui, monsieur, très solidaire, et même avec déclaration d'emploi... Je vais vous en lire les termes; ils sont énoncés dans l'exploit.

M. TURCARET

Voyons si l'acte est en bonne forme.

M. FURET, *après avoir mis des lunettes, lisant son exploit*

'Par-devant, etc., furent présents, en leurs personnes,
'haut et puissant seigneur, George-Guillaume de Por-
'candorf, et dame Agnès-Ildegonde de la Dolinvillière,
'son épouse, de lui dûment autorisée à l'effet des présentes,
'lesquels ont reconnu devoir à Éloi-Jérôme Poussif, mar-
'chand de chevaux, la somme de dix mille livres...

LA BARONNE, *l'interrompant*

Dix mille livres!

LISETTE

La maudite obligation!

M. FURET, *continuant à lire son exploit*

'Pour un équipage fourni par ledit Poussif, consistant
'en douze mulets, quinze chevaux normands sous poil
'roux, et trois bardeaux d'Auvergne, ayant tous crins,
'queues et oreilles, et garnis de leurs bâts, selles, brides et
'licols...

LISETTE, *l'interrompant*

Brides et licols! Est-ce à une femme à payer ces sortes de nippes-là?

M. TURCARET

Ne l'interrompons point... (*à M. Furet*) Achevez, mon ami.

M. FURET, *achevant de lire son exploit*

'Au payement desquelles dix mille livres lesdits débi-
'teurs ont obligé, affecté et hypothéqué généralement tous
'leurs biens présents et à venir, sans division ni discussion,
'renonçant auxdits droits; et pour l'exécution des pré-
'sentes, ont élu domicile chez Innocent-Blaise Le Juste,
'ancien procureur au Châtelet, demeurant rue du Bout-du-
'Monde. Fait et passé, etc.'

FRONTIN, *à M. Turcaret*

L'acte est-il en bonne forme, monsieur?

M. TURCARET

Je n'y trouve rien à redire que la somme.

M. FURET

Que la somme, monsieur? Oh! il n'y a rien à redire à la somme; elle est fort bien énoncée.

M. TURCARET, *à la baronne*

Cela est chagrinant.

LA BARONNE

Comment! chagrinant? Est-ce qu'il faudra qu'il m'en coûte sérieusement dix mille livres pour avoir signé?

LISETTE

Voilà ce que c'est que d'avoir trop de complaisance pour un mari! Les femmes ne se corrigeront-elles jamais de ce défaut-là?

LA BARONNE

Quelle injustice!... (à M. Turcaret) N'y a-t-il pas moyen de revenir contre cet acte-là, monsieur Turcaret?

M. TURCARET

Je n'y vois point d'apparence. Si dans l'acte vous n'aviez pas expressément renoncé aux droits de division et de discussion, nous pourrions chicaner ledit Poussif.

LA BARONNE

Il faut donc se résoudre à payer, puisque vous m'y condamnez, monsieur. Je n'appelle pas de vos décisions.

FRONTIN, bas à M. Turcaret

Quelle déférence on a pour vos sentiments!

LA BARONNE, à M. Turcaret

Cela m'incommodera un peu; cela dérangera la destination que j'avais faite de certain billet au porteur que vous savez.

LISETTE

Il n'importe, payons, madame: ne soutenons pas un procès contre l'avis de M. Turcaret.

LA BARONNE

Le Ciel m'en préserve! Je vendrais plutôt mes bijoux, mes meubles.

FRONTIN, bas à M. Turcaret

Vendre ses meubles, ses bijoux, et pour l'équipage d'un mari encore! La pauvre femme!

M. TURCARET, à la baronne

Non, madame, vous ne vendrez rien. Je me charge de cette dette-là; j'en fais mon affaire.

LA BARONNE

Vous vous moquez. Je me servirai de ce billet, vous dis-je.

M. TURCARET

Il faut le garder pour un autre usage.

LA BARONNE

Non, monsieur, non; la noblesse de votre procédé m'embarrasse plus que l'affaire même.

M. TURCARET

N'en parlons plus, madame; je vais, tout de ce pas, y mettre ordre.

FRONTIN

La belle âme!... (*à M. Furet*) Suis-nous, sergent: on va te payer.

LA BARONNE, *à M. Turcaret*

Ne tardez pas, au moins. Songez que l'on vous attend.

M. TURCARET

J'aurai promptement terminé cela; et puis je reviendrai des affaires aux plaisirs.

(*Il sort avec M. Furet et Frontin.*)

SCÈNE IX

LA BARONNE   LISETTE

LISETTE, *à part*

Et nous vous renverrons des plaisirs aux affaires, sur ma parole! Les habiles fripons que messieurs Furet et Frontin! et la bonne dupe que M. Turcaret!

LA BARONNE

Il me paraît qu'il l'est trop, Lisette.

LISETTE

Effectivement, on n'a point assez de mérite à le faire donner dans le panneau.

LA BARONNE

Sais-tu bien que je commence à le plaindre?

LISETTE

Mort de ma vie! point de pitié indiscrète! Ne plaignons point un homme qui ne plaint personne.

LA BARONNE

Je sens naître, malgré moi, des scrupules.

LISETTE

Il faut les étouffer.

LA BARONNE

J'ai peine à les vaincre.

LISETTE

Il n'est pas encore temps d'en avoir; et il vaut mieux sentir quelque jour des remords pour avoir ruiné un homme d'affaires que le regret d'en avoir manqué l'occasion.

SCÈNE X

LA BARONNE   LISETTE   JASMIN

JASMIN, *à la baronne*

C'est de la part de madame Dorimène.

LA BARONNE

Faites entrer.

(*Jasmin sort.*)

SCÈNE XI

LA BARONNE   LISETTE

LA BARONNE

Elle m'envoie peut-être proposer une partie de plaisir;
mais...

SCÈNE XII

LA BARONNE   LISETTE   MME JACOB

MME JACOB, *à la baronne*

Je vous demande pardon, madame, de la liberté que je
prends.   Je revends à la toilette, et je me nomme madame
Jacob.   J'ai l'honneur de vendre quelquefois des dentelles
et toutes sortes de pommades à madame Dorimène.   Je
viens de l'avertir que j'aurai tantôt un bon hasard; mais
elle n'est point en argent, et elle m'a dit que vous pourriez
vous en accommoder.

LA BARONNE

Qu'est-ce que c'est?

MME JACOB

Une garniture de quinze cents livres, que veut revendre
une fermière des regrats.   Elle ne l'a mise que deux fois.
La dame en est dégoûtée: elle la trouve trop commune;
elle veut s'en défaire.

LA BARONNE

Je ne serais pas fâchée de voir cette coiffure.

MME JACOB

Je vous l'apporterai dès que je l'aurai, madame; je vous
en ferai avoir bon marché.

LISETTE

Vous n'y perdrez pas, madame est généreuse.

Mᴹᴱ JACOB

Ce n'est pas l'intérêt qui me gouverne; et j'ai, Dieu merci, d'autres talents que de revendre à la toilette.

LA BARONNE

J'en suis persuadée.

LISETTE, *à madame Jacob*

Vous en avez bien la mine.

Mᴹᴱ JACOB

Eh! vraiment, si je n'avais pas d'autres ressources, comment pourrais-je élever mes enfants aussi honnêtement que je le fais?   J'ai un mari, à la vérité, mais il ne sert qu'à faire grossir ma famille, sans m'aider à l'entretenir.

LISETTE

Il y a bien des maris qui font tout le contraire.

LA BARONNE

Eh! que faites-vous donc, madame Jacob, pour fournir ainsi toute seule aux dépenses de votre famille?

Mᴹᴱ JACOB

Je fais des mariages, ma bonne dame.   Il est vrai que ce sont des mariages légitimes: ils ne produisent pas tant que les autres; mais, voyez-vous, je ne veux rien avoir à me reprocher.

LISETTE

C'est fort bien fait.

Mᴹᴱ JACOB

J'ai marié, depuis quatre mois, un jeune mousquetaire avec la veuve d'un auditeur des comptes.   La belle union!

7—2

ils tiennent tous les jours table ouverte; ils mangent la succession de l'auditeur le plus agréablement du monde.

LISETTE

Ces deux personnes-là sont bien assorties.

MME JACOB

Oh! tous mes mariages sont heureux... (*à la baronne*) Et si madame était dans le goût de se marier, j'ai en main le plus excellent sujet.

LA BARONNE

Pour moi, madame Jacob?

MME JACOB

C'est un gentilhomme limousin. La bonne pâte de mari! il se laissera mener par une femme comme un Parisien.

LISETTE, *à la baronne*

Voilà encore un bon hasard, madame.

LA BARONNE

Je ne me sens point en disposition d'en profiter; je ne veux pas sitôt me marier; je ne suis point encore dégoûtée du monde.

LISETTE, *à madame Jacob*

Oh bien! je le suis, moi, madame Jacob. Mettez-moi sur vos tablettes.

MME JACOB

J'ai votre affaire. C'est un gros commis qui a déjà quelque bien, mais peu de protection. Il cherche une jolie femme pour s'en faire.

LISETTE

Le bon parti! voilà mon fait.

LA BARONNE, *à madame Jacob*

Vous devez être riche, madame Jacob?

Mᴹᴱ JACOB

Hélas! hélas! je devrais faire dans Paris une autre figure... je devrais rouler carrosse, ma chère dame, ayant un frère comme j'en ai un dans les affaires.

LA BARONNE

Vous avez un frère dans les affaires?

Mᴹᴱ JACOB

Et dans les grandes affaires encore! Je suis sœur de M. Turcaret, puisqu'il faut vous le dire... Il n'est pas que vous n'en ayez ouï parler?

LA BARONNE, *avec étonnement*

Vous êtes sœur de M. Turcaret?

Mᴹᴱ JACOB

Oui, madame, je suis sa sœur de père et de mère même.

LISETTE, *étonnée aussi*

M. Turcaret est votre frère, madame Jacob?

Mᴹᴱ JACOB

Oui, mon frère, mademoiselle, mon propre frère; et je n'en suis pas plus grande dame pour cela... Je vous vois toutes deux bien étonnées; c'est sans doute à cause qu'il me laisse prendre toute la peine que je me donne?

LISETTE

Eh! oui; c'est ce qui fait le sujet de notre étonnement.

Mᴹᴱ JACOB

Il fait bien pis, le dénaturé qu'il est! il m'a défendu l'entrée de sa maison, et il n'a pas le cœur d'employer mon époux.

LA BARONNE

Cela crie vengeance.

LISETTE, *à madame Jacob*

Ah! le mauvais frère!

MME JACOB

Aussi mauvais frère que mauvais mari. N'a-t-il pas chassé sa femme de chez lui?

LA BARONNE

Ils faisaient donc mauvais ménage?

MME JACOB

Ils le font encore, madame: ils n'ont ensemble aucun commerce; et ma belle-sœur est en province.

LA BARONNE

Quoi! M. Turcaret n'est pas veuf?

MME JACOB

Bon! il y a dix ans qu'il est séparé de sa femme à qui il fait tenir une pension à Valogne, afin de l'empêcher de venir à Paris.

LA BARONNE, *bas à Lisette*

Lisette?

LISETTE, *bas*

Par ma foi! madame, voilà un méchant homme.

MME JACOB

Oh! le Ciel le punira tôt ou tard; cela ne lui peut manquer. J'ai déjà ouï dire dans une maison qu'il y avait du dérangement dans ses affaires.

LA BARONNE

Du dérangement dans ses affaires?

Mᴹᴱ JACOB

Eh! le moyen qu'il n'y en ait pas: c'est un vieux fou,
qui a toujours aimé toutes les femmes, hors la sienne. Il
jette tout par les fenêtres, dès qu'il est amoureux, c'est un
panier percé.

LISETTE, *bas à la baronne*

À qui le dit-elle, qui le sait mieux que nous?

Mᴹᴱ JACOB, *à la baronne*

Je ne sais à qui il est attaché présentement; mais il a
toujours quelques demoiselles qui le plument, qui l'attra-
pent, et il s'imagine les attraper, lui, parce qu'il leur pro-
met de les épouser. N'est-ce pas là un grand sot? qu'en
dites-vous, madame?

LA BARONNE, *déconcertée*

Oui; cela n'est pas tout-à-fait...

Mᴹᴱ JACOB, *l'interrompant*

Oh! que j'en suis aise! Il le mérite bien, le malheureux,
il le mérite bien. Si je connaissais sa maîtresse, j'irais lui
conseiller de le piller, de le manger, de le ronger, de l'abî-
mer. (*à Lisette*) N'en feriez-vous autant, mademoiselle?

LISETTE

Je n'y manquerais pas, madame Jacob.

Mᴹᴱ JACOB, *à la baronne*

Je vous demande pardon de vous étourdir ainsi de mes
chagrins; mais, quand il m'arrive d'y faire réflexion, je me
sens si pénétrée, que je ne puis me taire... Adieu, madame;
sitôt que j'aurai la garniture, je ne manquerai pas de vous
l'apporter.

LA BARONNE

Cela ne presse pas, madame, cela ne presse pas.

(*Madame Jacob sort.*)

SCÈNE XIII

LA BARONNE   LISETTE

LA BARONNE

Eh ! bien, Lisette ?

LISETTE

Eh ! bien, madame ?

LA BARONNE

Aurais-tu deviné que M. Turcaret eût une sœur revendeuse à la toilette ?

LISETTE

Auriez-vous cru, vous, qu'il eût une vraie femme en province ?

LA BARONNE

Le traître ! il m'avait assuré qu'il était veuf, et je le croyais de bonne foi.

LISETTE

Ah ! le vieux fourbe !... (*voyant rêver la baronne.*) Mais, qu'est-ce donc que cela ?... Qu'avez-vous ?... Je vous vois toute chagrine. Merci de ma vie ! vous prenez la chose aussi sérieusement que si vous étiez amoureuse de M. Turcaret.

LA BARONNE

Quoique je ne l'aime pas, puis-je perdre sans chagrin l'espérance de l'épouser ? Le scélérat ! il a une femme ; il faut que je rompe avec lui.

LISETTE

Oui; mais l'intérêt de votre fortune veut que vous le
ruiniez auparavant. Allons, madame, pendant que nous
le tenons, brusquons son coffre-fort, saisissons ses billets;
mettons M. Turcaret à feu et à sang; rendons-le enfin si
misérable, qu'il puisse un jour faire pitié, même à sa femme,
et redevenir frère de madame Jacob.

FIN DU QUATRIÈME ACTE

ACTE V

SCÈNE PREMIÈRE

LISETTE, *seule*

La bonne maison que celle-ci pour Frontin et pour moi! Nous avons déjà soixante pistoles, et il nous en reviendra peut-être autant de l'acte solidaire. Courage! si nous gagnons souvent de ces petites sommes-là, nous en aurons à la fin une raisonnable.

SCÈNE II

LA BARONNE   LISETTE

LA BARONNE

Il me semble que M. Turcaret devrait bien être de retour, Lisette.

LISETTE

Il faut qu'il lui soit survenu quelque nouvelle affaire... (*voyant entrer Flamand, sans le reconnaître d'abord, parce qu'il n'est plus en livrée.*) Mais, que veut ce monsieur?

SCÈNE III

LA BARONNE   LISETTE   FLAMAND

LA BARONNE, *à Lisette*

Pourquoi laisse-t-on entrer sans avertir?

FLAMAND

Il n'y a pas de mal à cela, madame; c'est moi.

LISETTE, *à la baronne, en reconnaissant Flamand*
Eh! c'est Flamand, madame; Flamand sans livrée!
Flamand, l'épée au côté! quelle métamorphose!

FLAMAND
Doucement, mademoiselle, doucement! on ne doit pas,
s'il vous plaît, m'appeler Flamand tout court. Je ne suis
plus laquais de M. Turcaret, non; il vient de me faire
donner un bon emploi, oui. Je suis présentement dans les
affaires, dà! et, par ainsi, il faut m'appeler monsieur Flamand; entendez-vous?

LISETTE
Vous avez raison, monsieur Flamand; puisque vous êtes
devenu commis, on ne doit plus vous traiter comme un
laquais.

FLAMAND, *montrant la baronne*
C'est à madame que j'en ai l'obligation; et je viens ici
tout exprès pour la remercier. C'est une bonne dame qui
a bien de la bonté pour moi de m'avoir fait bailler une
bonne commission, qui me vaudra bien cent bons écus par
chacun an, et qui est dans un bon pays encore; car c'est
à Falaise, qui est une si bonne ville, et où il y a, dit-on, de
bonnes gens.

LISETTE
Il y a du bon dans tout cela, monsieur Flamand.

FLAMAND
Je suis capitaine-concierge de la porte de Guibrai.
J'aurai les clefs, et pourrai faire entrer et sortir tout ce
qu'il me plaira. L'on m'a dit que c'était un bon droit que
celui-là.

LISETTE
Peste!

FLAMAND

Oh! ce qu'il y a de meilleur, c'est que cet emploi-là
porte bonheur à ceux qui l'ont; car ils s'y enrichissent
tretous. M. Turcaret a, dit-on, commencé par-là.

LA BARONNE

Cela est bien glorieux pour vous, monsieur Flamand, de
marcher ainsi sur les pas de votre maître.

LISETTE, *à Flamand*

Et nous vous exhortons, pour votre bien, à être honnête
comme lui.

FLAMAND, *à la baronne*

Je vous enverrai, madame, de petits présents, de fois à
autres.

LA BARONNE

Non, mon pauvre Flamand, je ne te demande rien.

FLAMAND

Oh! que si fait. Je sais bien comme les commis en usent
avec les demoiselles qui les placent... Mais tout ce que je
crains, c'est d'être révoqué; car, dans les commissions, on
est grandement sujet à ça, voyez-vous?

LISETTE

Cela est désagréable.

FLAMAND, *à la baronne*

Par exemple, le commis que l'on révoque aujourd'hui,
pour me mettre à sa place, a eu cet emploi-là par le moyen
d'une certaine dame que M. Turcaret a aimée et qu'il n'aime
plus. Prenez bien garde, madame, de me faire révoquer
aussi.

LA BARONNE

J'y donnerai toute mon attention, monsieur Flamand.

FLAMAND

Je vous prie de plaire toujours à M. Turcaret, madame.

LA BARONNE

J'y ferai tout mon possible, puisque vous y êtes inté-
ressé.

FLAMAND, *s'approchant de la baronne*

Mettez toujours de ce beau rouge, pour lui donner dans
la vue...

LISETTE, *le repoussant*

Allez, monsieur le captaine-concierge, allez à votre porte
de Guibrai. Nous savons ce que nous avons à faire...
Oui ; nous n'avons pas besoin de vos conseils... Non, vous
ne serez jamais qu'un sot. C'est moi qui vous le dis, dà !
Entendez-vous?

(*Flamand sort.*)

SCÈNE IV

LA BARONNE   LISETTE

LA BARONNE

Voilà le garçon le plus ingénu...

LISETTE, *l'interrompant*

Il y a pourtant longtemps qu'il est laquais ; il devrait
bien être déniaisé.

SCÈNE V

LA BARONNE   LISETTE   JASMIN

JASMIN, *à la baronne*

C'est M. le marquis avec une grosse et grande madame.
(*Il sort.*)

SCÈNE VI
LA BARONNE   LISETTE

LA BARONNE

C'est sa belle conquête.   Je suis curieuse de la voir.

LISETTE

Je n'en ai pas moins d'envie que vous; je m'en fais une plaisante image.

SCÈNE VII
LA BARONNE   LE MARQUIS   MME TURCARET
LISETTE

LE MARQUIS, *à la baronne*

Je viens, ma charmante baronne, vous présenter une aimable dame; la plus spirituelle, la plus galante, la plus amusante personne... Tant de bonnes qualités, qui vous sont communes, doivent vous lier d'estime et d'amitié.

LA BARONNE

Je suis très disposée à cette union... (*bas à Lisette*) C'est l'original du portrait que le chevalier m'a sacrifié.

MME TURCARET

Je crains, madame, que vous ne perdiez bientôt ces bons sentiments.   Une personne du grand monde, du monde brillant, comme vous, trouvera peu d'agrément dans le commerce d'une femme de province.

LA BARONNE

Ah! vous n'avez point l'air provincial, madame; et nos dames le plus de mode n'ont pas des manières plus agréables que les vôtres.

LE MARQUIS, *en montrant madame Turcaret*

Ah! palsembleu, non. Je m'y connais, madame; et vous conviendrez avec moi, en voyant cette taille et ce visage-là, que je suis le seigneur de France du meilleur goût.

MME TURCARET

Vous êtes trop poli, monsieur le marquis. Ces flatteries-là pourraient me convenir en province, où je brille assez, sans vanité. J'y suis toujours à l'affût des modes; on me les envoie toutes dès le moment qu'elles sont inventées, et je puis me vanter d'être la première qui ait porté des pretintailles dans la ville de Valogne.

LISETTE, *à part*

Quelle folle!

LA BARONNE

Il est beau de servir de modèle à une ville comme celle-là.

MME TURCARET

Je l'ai mise sur un pied! j'en ai fait un petit Paris, par la belle jeunesse que j'y attire.

LE MARQUIS, *avec ironie*

Comment un petit Paris? Savez-vous bien qu'il faut trois mois de Valogne pour achever un homme de cour?

MME TURCARET, *à la baronne*

Oh! je ne vis pas comme une dame de campagne, au moins. Je ne me tiens point enfermée dans un château; je suis trop faite pour la société. Je demeure en ville, et j'ose dire que ma maison est une école de politesse et de galanterie pour les jeunes gens.

LISETTE

C'est une façon de collége pour toute la Basse-Normandie.

MME TURCARET, *à la baronne*

On joue chez moi, on s'y rassemble pour médire; on y lit tous les ouvrages d'esprit qui se font à Cherbourg, à Saint-Lô, à Coutances, et qui valent bien les ouvrages de Vire et de Caen. J'y donne aussi quelquefois des fêtes galantes, des soupés-collations. Nous avons des cuisiniers qui ne savent faire aucun ragoût, à la vérité, mais ils tirent les viandes si à propos, qu'un tour de broche de plus ou de moins, elles seraient gâtées.

LE MARQUIS

C'est l'essentiel de la bonne chère... Ma foi, vive Valogne pour le rôti!

MME TURCARET

Et pour les bals, nous en donnons souvent. Que l'on s'y divertit! Cela est d'une propreté! les dames de Valogne sont les premières dames du monde pour savoir l'art de se bien masquer, et chacune a son déguisement favori. Devinez quel est le mien.

LISETTE

Madame se déguise en Amour, peut-être?

MME TURCARET

Oh! pour cela, non.

LA BARONNE

Vous vous mettez en Déesse, apparemment, en Grâce?

MME TURCARET

En Vénus, ma chère, en Vénus.

LE MARQUIS, *ironiquement*

En Vénus? Ah! madame, que vous êtes bien déguisée!

LISETTE, *à madame Turcaret*

On ne peut pas mieux.

SCÈNE VIII

LA BARONNE   LE MARQUIS   MME TURCARET
LE CHEVALIER   LISETTE

LE CHEVALIER, *à la baronne*

Madame, nous aurons tantôt le plus ravissant concert...
(*à part, apercevant madame Turcaret*.) Mais, que vois-je?

MME TURCARET, *à part*

O Ciel!

LA BARONNE, *bas à Lisette*

Je m'en doutais bien.

LE CHEVALIER, *au marquis*

Est-ce là cette dame dont tu m'as parlé, marquis?

LE MARQUIS

Oui; c'est ma comtesse. Pourquoi cet étonnement?

LE CHEVALIER

Oh! parbleu! je ne m'attendais pas à celui-là.

MME TURCARET, *à part*

Quel contre-temps!

LE MARQUIS, *au chevalier*

Explique-toi, chevalier. Est-ce que tu connaîtrais ma
comtesse?

LE CHEVALIER

Sans doute; il y a huit jours que je suis en liaison avec
elle.

LE MARQUIS

Qu'entends-je? Ah! l'infidèle! l'ingrate!

T. T.   8

LE CHEVALIER

Et ce matin même elle a eu la bonté de m'envoyer son portrait.

LE MARQUIS

Comment diable! elle a donc des portraits à donner à tout le monde?

SCÈNE IX

LA BARONNE   LE MARQUIS   Mᴹᴱ TURCARET
LE CHEVALIER   Mᴹᴱ JACOB   LISETTE

Mᴹᴱ JACOB, *à la baronne*

Madame, je vous apporte la garniture que j'ai promis d vous faire voir.

LA BARONNE

Que vous prenez mal votre temps, madame Jacob Vous me voyez en compagnie.

Mᴹᴱ JACOB

Je vous demande pardon, madame; je reviendrai ur autre fois... (*apercevant madame Turcaret.*) Mais, qu'es ce que je vois? Ma belle-sœur ici! Madame Turcaret!

LE CHEVALIER

Madame Turcaret!

LA BARONNE, *à madame Jacob*

Madame Turcaret!

LISETTE, *à madame Jacob*

Madame Turcaret!

LE MARQUIS, *à part*

Le plaisant incident!

Mᴹᴱ JACOB, *à madame Turcaret*

Par quelle aventure, madame, vous rencontré-je en cette maison?

Mᴹᴱ TURCARET, *à part*

Payons de hardiesse... (*à madame Jacob*) Je ne vous connais pas, ma bonne.

Mᴹᴱ JACOB

Vous ne connaissez pas madame Jacob?... Tredame! est-ce à cause que depuis dix ans vous êtes séparée de mon frère, qui n'a pu vivre avec vous, que vous feignez de ne me pas connaître?

LE MARQUIS

Vous n'y pensez pas, madame Jacob; savez-vous bien que vous parlez à une comtesse?

Mᴹᴱ JACOB

À une comtesse? Eh! dans quel lieu, s'il vous plaît, est sa comté? Ah! vraiment, j'aime assez ces gros airs-là!

Mᴹᴱ TURCARET

Vous êtes une insolente, ma mie.

Mᴹᴱ JACOB

Une insolente! moi! je suis une insolente!... Jour de Dieu! ne vous y jouez pas! S'il ne tient qu'à dire des injures, je m'en acquitterai aussi bien que vous.

Mᴹᴱ TURCARET

Oh! je n'en doute pas: la fille d'un maréchal de Domfront ne doit point demeurer en reste de sottises.

Mᴹᴱ JACOB

La fille d'un maréchal? Pardi! voilà une dame bien relevée pour venir me reprocher ma naissance! Vous avez apparemment oublié que M. Briochais, votre père, était

pâtissier dans la ville de Falaise.   Allez, madame la comtesse, puisque comtesse y a, nous nous connaissons toutes
deux... Mon frère rira bien quand il saura que vous avez
pris ce nom burlesque, pour venir vous requinquer à Paris.
Je voudrais, par plaisir, qu'il vînt ici tout-à-l'heure.

LE CHEVALIER

Vous pourrez avoir ce plaisir-là, madame; nous atten-
dons, à souper, M. Turcaret.

MME TURCARET, *à part*

Aïe!

LE MARQUIS, *à madame Jacob*

Et vous souperez aussi avec nous, madame Jacob, car
j'aime les soupers de famille.

MME TURCARET, *à part*

Je suis au désespoir d'avoir mis le pied dans cette maison.

LISETTE, *à part*

Je le crois bien.

MME TURCARET, *à part, voulant sortir*

J'en vais sortir tout-à-l'heure.

LE MARQUIS, *l'arrêtant*

Vous ne vous en irez pas, s'il vous plaît, que vous n'ayez
vu M. Turcaret.

MME TURCARET

Ne me retenez point, monsieur le marquis, ne me retenez
point.

LE MARQUIS

Oh! palsembleu! mademoiselle Briochais, vous ne sor-
tirez point, comptez là-dessus.

LE CHEVALIER

Eh! marquis, cesse de l'arrêter.

LE MARQUIS

Je n'en ferai rien. Pour la punir de nous avoir trompés tous deux, je la veux mettre aux prises avec son mari.

LA BARONNE

Non, marquis, de grâce, laissez-la sortir

LE MARQUIS

Prière inutile: tout ce que je puis faire pour vous, madame, c'est de lui permettre de se déguiser en Vénus, afin que son mari ne la reconnaisse pas.

LISETTE, *voyant arriver M. Turcaret*

Ah! par ma foi, voici M. Turcaret.

Mᵐᵉ JACOB, *à part*

J'en suis ravie.

Mᵐᵉ TURCARET, *à part*

La malheureuse journée!

LA BARONNE, *à part*

Pourquoi faut-il que cette scène se passe chez moi?

LE MARQUIS, *à part*

Je suis au comble de la joie.

SCÈNE X

LA BARONNE   LE MARQUIS   Mᵐᵉ TURCARET
LE CHEVALIER   M. TURCARET   Mᵐᵉ JACOB
LISETTE

M. TURCARET, *à la baronne*

J'ai renvoyé l'huissier, madame, et. terminé... (*à part, apercevant sa sœur*) Ah! en croirai-je mes yeux? Ma sœur ici!... (*apercevant sa femme*) et, qui pis est, ma femme!

LE MARQUIS

Vous voilà en pays de connaissance, monsieur Turcaret... (*montrant madame Turcaret.*) Vous voyez une belle
comtesse dont je porte les chaînes; vous voulez bien que
je vous la présente, sans oublier madame Jacob?

Mᴹᴱ JACOB, *à M. Turcaret*

Ah! mon frère!

M. TURCARET

Ah! ma sœur!... (*à part.*) Qui diable les a amenées ici?

LE MARQUIS

C'est moi, M. Turcaret, vous m'avez cette obligation-là.
Embrassez ces deux objets chéris... Ah! qu'il paraît
ému! J'admire la force du sang et de l'amour conjugal.

M. TURCARET, *à part*

Je n'ose la regarder; je crois voir mon mauvais génie.

Mᴹᴱ TURCARET, *à part*

Je ne puis l'envisager sans horreur.

LE MARQUIS, *à M. et à madame Turcaret*

Ne vous contraignez point, tendres époux; laissez
éclater toute la joie que vous devez sentir de vous revoir
après dix années de séparation.

LA BARONNE, *à M. Turcaret*

Vous ne vous attendiez pas, monsieur, à rencontrer ici
madame Turcaret; et je conçois bien l'embarras où vous
êtes. Mais pourquoi m'avoir dit que vous étiez veuf?

LE MARQUIS

Il vous a dit qu'il était veuf? Eh! parbleu! sa femme
m'a dit aussi qu'elle était veuve. Ils ont la rage tous deux
de vouloir être veufs.

LA BARONNE, *à M. Turcaret*

Parlez, pourquoi m'avez-vous trompée?

M. TURCARET, *interdit*

J'ai cru, madame... qu'en vous faisant accroire que...
je croyais être veuf... vous croiriez que... je n'aurais
point de femme... (*à part.*) J'ai l'esprit troublé, je ne
sais ce que je dis.

LA BARONNE

Je devine votre pensée, monsieur, et je vous pardonne
une tromperie que vous avez crue nécessaire pour vous faire
écouter. Je passerai même plus avant. Au lieu d'en venir
aux reproches, je veux vous raccommoder avec madame
Turcaret.

M. TURCARET

Qui? moi! madame. Oh! pour cela, non. Vous ne la
connaissez pas; c'est un démon. J'aimerais mieux vivre
avec la femme du Grand-Mogol.

Mᴹᴱ TURCARET

Oh! monsieur, ne vous en défendez pas tant. Je n'en ai
pas plus d'envie que vous au moins; et je ne viendrais
point à Paris troubler vos plaisirs, si vous étiez plus exact
à payer la pension que vous me faites pour me tenir en
province.

LE MARQUIS, *à M. Turcaret*

Pour la tenir en province!... Ah! monsieur Turcaret,
vous avez tort; madame mérite qu'on lui paye les quartiers
d'avance.

Mᴹᴱ TURCARET

Il m'en est dû cinq. S'il ne me les donne pas, je ne pars
point; je demeure à Paris, pour le faire enrager. J'irai

chez ses maîtresses faire un charivari ; et je commencerai
par cette maison-ci, je vous en avertis.

M. TURCARET, à part

Ah ! l'insolente.

LISETTE, à part

La conversation finira mal.

LA BARONNE, à madame Turcaret

Vous m'insultez, madame.

MME TURCARET

J'ai des yeux, Dieu merci, j'ai des yeux ; je vois bien tout
ce qui se passe en cette maison.   Mon mari est la plus grande
dupe...

M. TURCARET, l'interrompant

Quelle impudence !   Ah ! ventrebleu ! coquine ! sans le
respect que j'ai pour la compagnie...

LE MARQUIS, l'interrompant

Qu'on ne vous gêne point, monsieur Turcaret.   Vous
êtes avec vos amis ; usez-en librement.

LE CHEVALIER, à M. Turcaret, en se mettant entre
lui et sa femme

Monsieur...

LA BARONNE, à M. Turcaret

Songez que vous êtes chez moi.

SCÈNE XI

LA BARONNE   LE MARQUIS   MME TURCARET
LE CHEVALIER   M. TURCARET   MME JACOB
LISETTE   JASMIN

JASMIN, *à M. Turcaret*

Il y a, dans un carrosse qui vient de s'arrêter à la porte, deux gentilshommes qui se disent de vos associés: ils veulent vous parler d'une affaire importante.

(*Il sort.*)

SCÈNE XII

LA BARONNE   LE MARQUIS   MME TURCARET
LE CHEVALIER   M. TURCARET   MME JACOB
LISETTE

M. TURCARET, *à madame Turcaret*

Ah! je vais revenir... Je vous apprendrai, impudente, à respecter une maison...

MME TURCARET, *l'interrompant*

Je crains peu vos menaces.

(*M. Turcaret sort.*)

SCÈNE XIII

LA BARONNE   LE MARQUIS   MME TURCARET
LE CHEVALIER   MME JACOB   LISETTE

LE CHEVALIER, *à madame Turcaret*

Calmez votre esprit agité, madame; que M. Turcaret vous retrouve adoucie.

MME TURCARET

Oh! tous ses emportements ne m'épouvantent point.

LA BARONNE

Nous allons l'apaiser en votre faveur.

MME TURCARET

Je vous entends, madame. Vous voulez me réconcilier avec mon mari, afin que, par reconnaissance, je souffre qu'il continue à vous rendre des soins.

LA BARONNE

La colère vous aveugle. Je n'ai pour objet que la réunion de vos cœurs: je vous abandonne M. Turcaret; je ne veux le revoir de ma vie.

MME TURCARET

Cela est trop généreux.

LE MARQUIS, *au chevalier, en montrant la baronne*

Puisque madame renonce au mari, de mon côté je renonce à la femme. Allons, renonces-y aussi, chevalier. Il est beau de se vaincre soi-même.

SCÈNE XIV

LA BARONNE   LE MARQUIS   MME TURCARET
LE CHEVALIER   MME JACOB   LISETTE   FRONTIN

FRONTIN, *à part*

O malheur imprévu! ô disgrâce cruelle!

LE CHEVALIER

Qu'y a-t-il, Frontin?

FRONTIN

Les associés de M. Turcaret ont mis garnison chez lui, pour deux cent mille écus que leur emporte un caissier qu'il a cautionné... Je venais ici en diligence, pour l'avertir de se sauver; mais je suis arrivé trop tard: ses créanciers se sont déjà assurés de sa personne.

MME JACOB, *à part*

Mon frère entre les mains de ses créanciers!... Tout dénaturé qu'il est, je suis touchée de son malheur. Je vais employer pour lui tout mon crédit; je sens que je suis sa sœur.

(*Elle sort.*)

SCÈNE XV

LA BARONNE   LE MARQUIS   MME TURCARET
LE CHEVALIER   LISETTE   FRONTIN

MME TURCARET, *à part*

Et moi, je vais le chercher pour l'accabler d'injures; je sens que je suis sa femme.

(*Elle sort.*)

SCÈNE XVI

LA BARONNE   LE MARQUIS   LE CHEVALIER
LISETTE   FRONTIN

FRONTIN, *au chevalier*

Nous envisagions le plaisir de le ruiner; mais la justice est jalouse de ce plaisir-là: elle nous a prévenus.

LE MARQUIS

Bon! bon! il a de l'argent de reste pour se tirer d'affaire.

FRONTIN

J'en doute. On dit qu'il a follement dissipé des biens immenses; mais ce n'est pas ce qui m'embarrasse à présent: ce qui m'afflige, c'est que j'étais chez lui quand ses associés y sont venus mettre garnison.

LE CHEVALIER

Eh bien!

FRONTIN

Eh bien, monsieur, ils m'ont aussi arrêté et fouillé, pour voir si par hasard je ne serais point chargé de quelque papier qui pût tourner au profit des créanciers... (*montrant la baronne.*) Ils se sont saisis, à telle fin que de raison, du billet de madame, que vous m'avez confié tantôt.

LE CHEVALIER

Qu'entends-je? juste Ciel!

FRONTIN

Ils m'en ont pris encore un autre de dix mille francs, que M. Turcaret avait donné pour l'acte solidaire, et que M. Furet venait de me remettre entre les mains.

LE CHEVALIER

Eh! pourquoi, maraud! n'as-tu pas dit que tu étais à moi?

FRONTIN

Oh! vraiment, monsieur, je n'y ai pas manqué. J'ai dit que j'appartenais à un chevalier; mais, quand ils ont vu les billets, ils n'ont pas voulu me croire.

LE CHEVALIER

Je ne me possède plus; je suis au désespoir!

LA BARONNE

Et moi, j'ouvre les yeux. Vous m'avez dit que vous aviez chez vous l'argent de mon billet. Je vois par-là que mon brillant n'a point été mis en gage; et je sais ce que je dois penser du beau récit que Frontin m'a fait de votre fureur d'hier au soir. Ah! chevalier, je ne vous aurais pas cru capable d'un pareil procédé... (*regardant Lisette.*) J'ai chassé Marine parce qu'elle n'était pas dans vos intérêts, et je chasse Lisette parce qu'elle y est... Adieu; je ne veux de ma vie entendre parler de vous.

(*Elle se retire dans l'intérieur de son appartement.*)

SCÈNE XVII

LE MARQUIS   LE CHEVALIER   FRONTIN
LISETTE

LE MARQUIS, *riant, au chevalier, qui a l'air tout déconcerté*

Ah! ah! ma foi, chevalier, tu me fais rire. Ta consternation me divertit... Allons souper chez le traiteur, et passer la nuit à boire.

FRONTIN, *au chevalier*

Vous suivrai-je, monsieur?

LE CHEVALIER

Non, je te donne ton congé. Ne t'offre jamais à mes yeux.

(*Il sort avec le marquis.*)

SCÈNE XVIII ET DERNIÈRE

FRONTIN   LISETTE

LISETTE

Et nous, Frontin, quel parti prendrons-nous?

FRONTIN

J'en ai un à te proposer.   Vive l'esprit, mon enfant! je
viens de payer d'audace; je n'ai point été fouillé.

LISETTE

Tu as les billets?

FRONTIN

J'en ai déjà touché l'argent; il est en sûreté: j'ai quarante
mille francs.   Si ton ambition veut se borner à cette petite
fortune, nous allons faire souche d'honnêtes gens.

LISETTE

J'y consens.

FRONTIN

Voilà le règne de M. Turcaret fini; le mien va commencer.

FIN DU CINQUIÈME ET DERNIER ACTE

CRITIQUE DE LA COMÉDIE DE TURCARET, PAR LE DIABLE BOITEUX

DIALOGUE

ASMODÉE   DON CLÉOFAS

ASMODÉE

Puisque mon magicien m'a remis en liberté, je vais vous faire parcourir tout le monde, et je prétends chaque jour offrir à vos yeux de nouveaux objets.

DON CLÉOFAS

Vous aviez bien raison de me dire que vous alliez bon train, tout boiteux que vous êtes; comment diable! nous étions tout-à-l'heure à Madrid. Je n'ai fait que souhaiter d'être à Paris, et je m'y trouve. Ma foi, seigneur Asmodée, c'est un plaisir de voyager avec vous.

ASMODÉE

N'est-il pas vrai?

DON CLÉOFAS

Assurément. Mais dites-moi, je vous prie, dans quel lieu vous m'avez transporté? Nous voici sur un théâtre; je vois des décorations, des loges, un parterre; il faut que nous soyons à la comédie.

ASMODÉE

Vous l'avez dit; et l'on va représenter tout-à-l'heure une pièce nouvelle, dont j'ai voulu vous donner le divertissement. Nous pouvons, sans crainte d'être vus ni écoutés, nous entretenir en attendant qu'on commence.

DON CLÉOFAS

La belle assemblée! que de dames!

ASMODÉE

Il y en aurait davantage, sans les spectacles de la Foire:
la plupart des femmes y courent avec fureur. Je suis ravi
de les voir dans dégoût de leurs laquais et de leurs cochers;
c'est à cause de cela que je m'oppose au dessein des comédiens. J'inspire tous les jours de nouvelles chicanes aux
bateleurs. C'est moi qui leur ai fourni le Suisse.

DON CLÉOFAS

Que voulez-vous dire par votre Suisse?

ASMODÉE

Je vous expliquerai cela une autre fois; ne soyons présentement occupés que de ce qui frappe nos yeux. Re-
marquez-vous combien on a de peine à trouver les places?
Savez-vous ce qui fait la foule? C'est que c'est aujourd'hui
la première représentation d'une comédie où l'on joue un
homme d'affaires. Le public aime à rire aux dépens
de ceux qui le font pleurer.

DON CLEOFAS

C'est-à-dire que les gens d'affaires sont tous des...

ASMODÉE

C'est ce qui vous trompe; il y a de fort honnêtes gens
dans les affaires; j'avoue qu'il n'y en a pas un très grand
nombre: mais il y en a qui, sans s'écarter des principes de
l'honneur et de la probité, ont fait ou font actuellement
leur chemin, et dont la robe et l'épée ne dédaignent pas
l'alliance. L'auteur respecte ceux-là. Effectivement il
aurait tort de les confondre avec les autres. Enfin il y a
d'honnêtes gens dans toutes les professions. Je connais
même des commissaires et des greffiers qui ont de la conscience.

DON CLÉOFAS

Sur ce pied-là cette comédie n'offense point les honnêtes gens qui sont dans les affaires.

ASMODÉE

Comme le Tartuffe que vous avez lu offense les vrais dévots. Hé! pourquoi les gens d'affaires s'offenseraient-ils de voir sur la scène un sot, un fripon de leur corps? Cela ne tombe point sur le général. Ils seraient donc plus délicats que les courtisans et les gens de robe, qui voient tous les jours avec plaisir représenter des marquis fats et des juges ignorants et corruptibles.

DON CLÉOFAS

Je suis curieux de savoir de quelle manière la pièce sera reçue; apprenez-le-moi, de grâce, par avance.

ASMODÉE

Les diables ne connaissent point l'avenir, je vous l'ai déjà dit; mais quand nous aurions cette connaissance, je crois que le succès des comédies en serait excepté, tant il est impénétrable.

DON CLÉOFAS

L'auteur et les comédiens se flattent sans doute qu'elle réussira.

ASMODÉE

Pardonnez-moi. Les comédiens n'en ont pas bonne opinion; et leurs pressentiments, quoiqu'ils ne soient pas infaillibles, ne laissent pas d'effrayer l'auteur, qui s'est allé cacher aux troisièmes loges, où, pour surcroît de chagrin, il vient d'arriver auprès de lui un caissier et un agent-de-change qui disent avoir ouï parler de sa pièce, et qui la déchirent impitoyablement. Par bonheur pour lui, il est si sourd qu'il n'entend pas la moitié de leurs paroles.

DON CLÉOFAS

Oh! je crois qu'il y a bien des caissiers et des agents-de-change dans cette assemblée.

ASMODÉE

Oui, je vous assure; je ne vois partout que des cabales de commis et d'auteurs, que des siffleurs dispersés et prêts à se répondre.

DON CLÉOFAS

Mais l'auteur n'a-t-il pas aussi ses partisans?

ASMODÉE

Oh! qu'oui! Il a ici tous ses amis, avec les amis de ses amis. De plus on a répandu dans le parterre quelques grenadiers de police pour tenir les commis en respect; cependant avec tout cela je ne voudrais pas répondre de l'événement. Mais, taisons-nous, les acteurs paraissent. Vous entendez assez le français pour juger de la pièce: écoutons-la; et après que le parterre en aura décidé, nous réformerons son jugement, ou nous le confirmerons.

CONTINUATION DU DIALOGUE

ASMODÉE   DON CLÉOFAS

ASMODÉE

Hé bien, seigneur don Cléofas, que pensez-vous de cette comédie? Elle vient de réussir en dépit des cabales; les ris sans cesse renaissants des personnes qui se sont livrées au spectacle ont étouffé la voix des commis et des auteurs.

DON CLÉOFAS

Oui; mais je crois qu'ils vont bien se donner carrière présentement, et se dédommager du silence qu'ils ont été obligés de garder.

ASMODÉE

N'en doutez point: les voilà déjà qui forment des pelotons dans le parterre, et qui répandent leur venin; j'aperçois, entre autres, trois clefs de meutes, trois beaux esprits qui vont entraîner dans leur sentiment quelques petits génies qui les écoutent; mais je vois à leurs trousses deux amis de l'auteur. Grande dispute; on s'échauffe de part et d'autre. Les uns disent de la pièce plus de mal qu'ils n'en pensent, et les autres en pensent moins de bien qu'ils n'en disent.

DON CLÉOFAS

Hé! quels défauts y trouvent les critiques?

ASMODÉE

Cent mille.

DON CLÉOFAS

Mais encore?

ASMODÉE

Ils disent que tous les personnages en sont vicieux, et que l'auteur a peint les mœurs de trop près.

DON CLÉOFAS

Ils n'ont, parbleu, pas tout le tort; les mœurs m'ont paru un peu gaillardes.

ASMODÉE

Il est vrai; j'en suis assez content. La baronne tire fort sur votre dona Thomasa. J'aime à voir dans les comédies régner mes héroïnes; mais je n'aime pas qu'on les punisse au dénoûment; cela me chagrine. Heureusement il y a bien des pièces françaises où l'on m'épargne ce chagrin-là.

DON CLÉOFAS

Je vous entends. Vous n'approuvez pas que la baronne soit trompée dans son attente, que le chevalier perde toutes ses espérances, et que Turcaret soit arrêté: vous voudriez qu'ils fussent tous contents; car enfin leur châtiment est une leçon qui blesse vos intérêts.

ASMODÉE

J'en conviens; mais ce qui me console, c'est que Lisette et Frontin sont bien récompensés.

DON CLÉOFAS

La belle récompense! Les bonnes dispositions de Frontin ne font-elles pas assez prévoir que son règne finira comme celui de Turcaret?

ASMODÉE

Vous êtes trop pénétrant. Venons au caractère de Turcaret; qu'en dites-vous?

DON CLÉOFAS

Je dis qu'il est manqué, si les gens d'affaires sont tels qu'on me les a dépeints. Les affaires ont des mystères qui ne sont point ici développés.

ASMODÉE

Au grand Satan ne plaise que ces mystères se découvrent! L'auteur m'a fait plaisir de montrer simplement l'usage que mes partisans font des richesses que je leur fais acquérir.

DON CLÉOFAS

Vos partisans sont donc bien différents de ceux qui ne le sont pas?

ASMODÉE

Oui, vraiment. Il est aisé de reconnaître les miens; ils s'enrichissent par l'usure, qu'ils n'osent plus exercer que sous le nom d'autrui quand ils sont riches; ils prodiguent leurs richesses lorsqu'ils sont amoureux, et leurs amours finissent par la fuite ou par la prison.

DON CLÉOFAS

À ce que je vois, c'est un de vos amis que l'on vient de jouer. Mais, dites-moi, seigneur Asmodée, quel bruit est-ce que j'entends auprès de l'orchestre?

ASMODÉE

C'est un cavalier espagnol, qui crie contre la sécheresse de l'intrigue.

DON CLÉOFAS

Cette remarque convient à un Espagnol. Nous ne sommes pas accoutumés, comme les Français, à des pièces de caractère, lesquelles sont pour la plupart fort faibles de ce côté-là.

ASMODÉE

C'est en effet le défaut ordinaire de ces sortes de pièces; elles ne sont point assez chargées d'événements. Les auteurs veulent toute l'attention du spectateur pour le caractère qu'ils dépeignent, et regardent comme des sujets de distraction les intrigues trop composées. Je suis de leur sentiment, pourvu que d'ailleurs la pièce soit intéressante.

DON CLÉOFAS

Mais celle-ci ne l'est point.

ASMODÉE

Hé! c'est le plus grand défaut que j'y trouve. Elle serait parfaite, si l'auteur avait su engager à aimer les personnages; mais il n'a pas eu assez d'esprit pour cela. Il s'est avisé mal à propos de rendre le vice haïssable. Personne n'aime la baronne, le chevalier ni Turcaret; ce n'est pas là le moyen de faire réussir une comédie.

DON CLÉOFAS

Elle n'a pas laissé de me divertir; j'ai eu le plaisir de voir bien rire; je n'ai remarqué qu'un homme et une femme qui aient gardé leur sérieux; les voilà encore dans leur loge: qu'ils ont l'air chagrin! ils ne paraissent guère contents.

ASMODÉE

Il faut le leur pardonner: c'est un Turcaret avec sa baronne. En récompense on a bien ri dans la loge voisine. Ce sont des personnes de robe qui n'ont point de Turcaret dans leur famille. Mais le monde achève de s'écouler; sortons. Allons à la Foire voir de nouveaux visages.

DON CLÉOFAS

Je le veux. Mais apprenez-moi auparavant qui est cette jolie femme qui paraît aussi malsatisfaite.

ASMODÉE

C'est une dame que les glaces et les porcelaines brisées par Turcaret ont étrangement révoltée. Je ne sais si c'est à cause que la même scène s'est passée chez elle ce carnaval.

NOTES

ACTE PREMIER

SCÈNE PREMIÈRE

deux cents pistoles: the question which Marine asks in surprise at a new proof of her mistress' infatuation for the chevalier is explained in the sequel. The *pistole* was a Spanish coin, the name of which may originally have been derived from Pistoia in Tuscany, one of the Italian cities whose bankers were the general money-lenders of Europe in the middle ages. While in circulation in France, it was equivalent to the *louis d'or*. Thus in Molière, *Le Bourgeois Gentilhomme* (1670), III. iv. the *louis* and *pistole* are both equivalent to 11 *livres*.

It will be seen from the brief account in the introduction of the expedient taken in 1709 to re-establish the national credit by a new coinage, that the currency in the time of Louis XIV was subject to considerable fluctuation. At the moment when Turcaret was acted, the *louis*, the chief gold coin, was worth $12\frac{1}{2}$ *livres*, while the chief silver coin, the *écu*, was at $3\frac{7}{20}$ *livres*. Accounts were rendered in *livres*, *sous* and *deniers*, which corresponded to the old reckoning followed to-day in England, 12 *deniers* or pence to the *sou*, and 20 *sous* or shillings to the *livre* or pound. While, however, the *livre Tournois* or pound of Tours of 20 *sous* was the normal standard of computation, the *livre Parisis* or pound of Paris consisted of 25 *sous*. The *livre Tournois* and the *franc* were equivalent to each other and the terms *livre* and *franc* are still synonymous in calculations.

en Flandre: the campaign of 1708 (see introduction) had been disastrous for France. The battle of Oudenarde on 11 July was followed by the investment of Lille by the allied troops under Marlborough and prince Eugene. The town was taken on 22 October and Boufflers surrendered the citadel on 9 December.

coiffée: infatuated, literally 'with the head covered.' The nearest English idiom would be 'You have a little gambling chevalier on the brain.' So in Molière, *Tartuffe*, I. ii, Cléante says of madame Pernelle, 'Et que de son Tartuffe elle paraît coiffée.' Cf. also Dancourt, *Le Mari Retrouvé*, sc. iv: 'C'est quelque manant dont elle est coiffée.'

mettre à la réjouissance: to gamble away. The *réjouissance* was the card in the game of lansquenet on which the players other than the banker staked their money.

Malte: the knights of the hospital of St John of Jerusalem formed a religious order founded in 1100 for the protection and entertainment of travellers in the Holy land. The knights, who soon developed into a body of warriors, were largely laymen, but were sworn to the three vows of obedience, poverty and chastity and followed a rule closely modelled upon that of the canons regular of the order of St Austin. After the fall of Jerusalem, they played a great part in the defence of Palestine; and, after Palestine was lost, the remnant of the order retired to Limasol in Cyprus. In 1310 they conquered the island of Rhodes, which remained their head-quarters until 1522, when they were forced to capitulate to the sultan Solyman I. Charles V in 1530 gave them the island of Malta, which they ruled until Bonaparte in 1798 took the fortress of Valetta and annexed the island for a time to France. It was taken by England in 1800 and by the terms of the treaty of Amiens was restored to the knights of St John; but this arrangement was found to be impracticable. The order, which was originally divided into eight *langues* or nations, each under its own prior, had possessions widely spread over Europe. Each *langue* had its chief local house, to which a number of subordinate houses or preceptories were subject, the knights of each *langue* being bound to the defence of the head-quarters of the order at Malta, where the grand master resided. The regent Orléans, who did not wish to found families of his illegitimate offspring, was anxious to make his eldest natural son, the chevalier d'Orléans, a knight of Malta.

un chevalier de Paris: Marine means that he is an adventurer, a *chevalier d'industrie*, a common type in Paris.

il fait ses caravanes dans les lansquenets: *caravane*, a term borrowed from eastern travel, was the technical term for a campaign of the knights of St John against the Turks. *Lansquenet* (Germ. *Landsknecht*) was the ordinary name for a German foot-soldier, and was applied to a game of cards originally played in the German army which became the fashionable game of the French court, and to the gaming-houses where it was played. The *double entendre* of Marine's remark cannot be reproduced in English: the sense is 'He is not a knight of Malta: he is a knight of Paris; all his campaigns are made in the gamesters' regiment.' *Faire la caravane* acquires the sense of 'to lead a dissipated life.'

minaudière: smirking.

de l'argent comptant: money down, ready cash. Cf. Lat. *pecunia numerata*.

billets au porteur: bills of exchange payable to bearer.

des contrats de rente: settlements of income.

vous lasserez les caquets: you will tire out gossip.

SCÈNE II

mille écus: the *écu* was a silver coin worth at this time $3\frac{7}{20}$ *livres*, with the royal shield of France, which gave it its name, on one face. See note on p. 135.

que nous avons faite: after the manner of valets in fiction, Frontin speaks of his master and himself as identical.

Une comtesse de lansquenet!: Marine speaks ironically. A 'gaming-house countess' has as little right to her title as a *chevalier de Paris* (see note on p. 136 above) has to his.

agaça: ogled, made eyes at. *Agacer* is literally 'to annoy, irritate.' In a secondary sense it is used of efforts to attract the attention: the substantive *agacerie* is practically equivalent to *minauderie*.

pour rire: in joke.

seulement: even, with the sense of *même*. If Frontin had meant 'We know only her name,' he would have said '*Nous ne savons que son nom.*'

normande: the word had its special meaning for a Parisian audience. The Norman, with his thrifty habits and caution, had a reputation not unlike the Scotchman in eighteenth-century London; and *normand* was used to characterise a close and cunning person who was always looking out for his own advantage. Vivien, the young man from Gisors in Dancourt's *Les Vendanges de Surêne*, introduces himself to his prospective father-in-law, 'Je suis un honnête homme de Normandie, monsieur.' M. Thomasseau asks with a touch of incredulity, 'De Normandie?' and Vivien answers 'Oui, monsieur.' In *Crispin rival de son maître*, sc. ix, the counsel for the lady in a breach-of-promise case which gives one of the dandies of the piece some trouble is 'un certain vieux Normand.' Madame Patin, in Dancourt's *Le Chevalier à la Mode*, is the widow of a *partisan* who 'n'a pas gagné trop légitimement son bien en Normandie.'

bourgeoise: Marine again implies that the countess has no claim to nobility.

se cottise: rations itself, puts itself on short commons. *Cotiser* is derived from *cote*, a quota payable towards a tax.

à corps perdu: headlong. Used of impulsive and instantaneous movement, regardless of safety.

L'entend-il: literally, 'does he mean it?' The question, as put by Marine to her mistress, is a warning: 'You see what he is after.'

maraud: rascal, literally 'marauder, thief.'

une fois: just for this once.

Maugrebleu de la soubrette: bad luck to the maid! *Maugrebleu* = *Malgré de Dieu*, *bleu* being used, as in many French expletives, as an euphemism for the last word of the imprecation.

cinq cents pistoles: see note on p. 135 above.

que vous êtes tous deux bien ensemble: what a pretty pair you are.

SCÈNE III

du sacrifice: the sacrifice is of course the chevalier's surrender of the countess' portrait to the *baronne*.

À peu près comme M. Turcaret: nearly as handsome as M. Turcaret.

femme d'affaires: i.e., if she were engaged in financial business, like Turcaret, who is a *homme d'affaires*, the chevalier would not give her up while he could make money out of her.

SCÈNE IV

un billet au porteur: see note on p. 137 above.

dix mille écus: see note on p. 135 above.

Philis: Turcaret addresses his 'quatrain' to his mistress under the name of a shepherdess, according to the fashion of the age. Cf. Oronte's sonnet to Philis, of which he asks Alceste's opinion in Molière, *Le Misanthrope*, I. ii. The ridiculous lines themselves, of which only the third can be said to scan at all, recall the ode addressed by M. Tibaudier to the countess in Molière, *La Comtesse d'Escarbagnas*, sc. xvi, of which the first strophe runs:

> Une personne de qualité
> Ravit mon âme:
> Elle a de la beauté,
> J'ai de la flamme;
> Mais je la blâme
> D'avoir de la fierté.

finement: elegantly. There is the usual touch of irony in Marine's exclamation; but, here and in the *baronne's* remark which follows, it comes from the author rather than from the speakers, to whom the 'prose' of the bill of exchange is more important than the quality of Turcaret's verse. A parallel case occurs in Dancourt, *L'Été des Coquettes*, sc. ii, where the waiting-maid Lisette praises the business-like love-letter of the financier who sends a diamond to his mistress as a pledge for his losses to her at play: 'Il y a peu de gens qui puissent écrire si noblement.'

SCÈNE V

et du bon encore: and of the best, too. Flamand implies that he will not be satisfied with cheap wine.

Je t'y convie: there you are, literally 'I invite you to it.'

conseiller: counsellor, member of a legal tribunal.

délicat: fastidious. Flamand explains his implied request for a handsome *douceur*.

SCÈNE VI

du dernier galant: the last thing in fashionable verse. The word *galant* was applied to the pastoral type of poetry, *vers galants*, in vogue at this time, in which the identity of men and women of fashion was disguised under the names of shepherds and shepherd-esses. The *fêtes galantes* of the day, at which courtiers wore pastoral costume and kept up the pastoral pretence, were charm-ingly painted by Watteau and other artists of the same school.

les Voiture, ni les Pavillon: typical writers of *vers de société*. Vincent Voiture, the son of a wine-merchant at Amiens, was born in 1598, and died in 1648. His celebrity as a wit attracted the attention of Mazarin, who obtained important offices for him at court. His verses and prose letters are models of a careful, but highly affected style. Étienne Pavillon (1632–1705) wrote occa-sional light verse. Boileau (*Sat.* IX. 27) couples the name of Voiture with that of Horace; and La Bruyère (*Caractères*, ch. 1) praises his letters in company with those of his contemporary, Jean-Louis Guez de Balzac.

fermiers-généraux: farmers general, the chief corporation of finan-ciers who obtained leases or farms of the taxes in the *généralités*, or divisions of the kingdom for purposes of taxation, from the Crown.

l'Académie: the *Académie française*, the famous society of forty *immortels*, was constituted in 1634 under the protection of cardinal Richelieu, with the principal aim of purifying and regulating the French language. Voiture (see note above) was one of the original members. Its meetings were originally held in the Louvre, but in 1795 its head-quarters and those of the four other academies were transferred to the Collège de Quatre Nations on the opposite side of the Seine, which was then re-named the Palais de l'Institut.

D'où vient?: for what reason?

un pied-plat: a common fellow, literally 'a flat-foot,' explained by some as a scornful term for one who wears ordinary shoes instead of the shoes with high red heels worn by gentlepeople. The reference, however, may be merely to a shuffling, flat-footed manner of walking. Saint-Simon, expostulating with the chancellor Pontchartrain (*Mémoires*, ed. Boislisle, XV. 387) on the elevation of financiers to high rank, speaks scornfully of 'ce pied plat de Villars...devenu duc héréditaire'; and Damis in Molière, *Tar-tuffe*, I. i, refers to Tartuffe as a *pied plat*.

Fussiez-vous: the subjunctive expresses a wish: 'Would that you were back already.' The phrase corresponds to the English 'Don't be long' or 'Come back soon.'

SCÈNE VIII

perdait...tombais: would have lost...should have fallen. The imperfect indicative is used for the sake of vividness: the Chevalier pictures the catastrophe as actually happening.

C'est de l'argent comptant: see note on p. 137 above. Frontin's words mean that the money is as good as in Marine's pocket.

voler au coin d'un bois: to rob a defenceless person, a metaphor from the habit of robbers to lie in wait in lonely places, where no help can be expected by the victim. Saint-Simon (*Mém.* XVII. 60) says of the appearance of père Tellier, Louis XIV's confessor: 'il eût fait peur au coin d'un bois.'

infructueusement: it will be noted that Marine's anger has nothing to do with any personal regard for Turcaret. She would not have the slightest objection to abetting the ruin of a financier, if there were any profit to be got out of it.

SCÈNE IX

un benêt: an idiot, clown. The word represents the Norman pronunciation of *bénoît* (Lat. *benedictus* = blessed): similarly in English the proper name *Bénoît* becomes Benet. Half-witted people were regarded, partly out of compassion and partly from superstition, as under the special protection of Heaven. Hence comes the application of the epithet to them, for which we may compare the modern sense of Eng. 'silly,' from O.E. *saelig*, which also means 'blessed,' like Germ. *selig*. Cf. Molière, *L'École des Femmes*, I. i: 'le mari benêt,' and the stage direction in the *divertissement* at the end of Dancourt's *Les Vendanges de Surène*: 'Un grand benêt de paysan danse seul d'une manière niaise.'

Je vous vois venir: I see what you are after; I take your meaning.

je vous ferai bien voir du pays: I'll lead you a dance.

incessamment: without delay.

SCÈNE X

La bonne aubaine: what a happy windfall! The *droit d'aubaine* (*jus albinatus*) in French feudal law was the right claimed by the Crown to succeed to the goods of a foreigner (Lat. *alibanus*, *albanus*) who died within the realm. The word thus comes to be used of an unexpected piece of good luck. Cf. Dancourt, *La Maison de Campagne*, sc. xiv, where the servant Thibaut says of the deer which has taken refuge in the farm-buildings of his master's house, at a time when provisions are wanted for a crowd of self-invited guests: 'Il viant de vous venir, morgué! une bonne aubaine.'

là son anéantissement: you mean by 'after his destruction' that you will annihilate her there and then?

ACTE II

SCÈNE PREMIÈRE

sens dessus dessous: topsy-turvy. *Sens* does not mean 'in the sense of,' but is a corruption either of *c'en*, i.e., *ce qui est en*, or of *cen*, an old form of *cela*.

sortie de condition: gone out of service. *Condition* (Lat. *condicio*) is literally the compact by which service is rendered in return for a grant of property: thus the word comes to have the general meaning of 'service.'

retire: gives lodging to.

Je ne puis me passer de fille: I can't do without a maid.

pour l'Opéra: Lesage intends a covert sneer at the morals of Opera singers. Cf. Dancourt, *Les Vendanges de Surêne*, sc. xx: 'une fort honnête fille qui postule pour chanter *gratis* à l'Opéra, afin de se faire connaître.' For Lesage's attitude to the regular opera, see introduction and notes on *quatre Italiens de Paris* and *abonné*, pp. 145, 153 below.

SCÈNE II

chansons: the *baronne* is thinking of her new maid's accomplishments as advertised by Frontin. The audience is intended to take the word in a double sense, as *chansons* has the secondary meaning of 'nonsense, idle tales,' which applies to the present case.

SCÈNE III

Ouf!: Turcaret is out of breath and puffs.

dérangement: Turcaret employs financial terms naturally. Primarily *dérangement* refers to the *baronne's* moral perversity; but the word is also used of a disordered state of affairs approaching bankruptcy.

fait accroire: *faire accroire* =to deceive. *Accroire* is never used without *faire*, as its sense is purely negative, 'to believe a false tale,' and the person who believes such a tale is the passive object of deceit.

me planter là: to leave me high and dry, to shelve me.

Puisque...ton-là: since that is the tone you take about it.

prétendez-vous donc que je le prenne: what tone do you want me to take?

un abbé: Turcaret speaks in angry derision: he is a plain man, not a priest, who would dissimulate his anger in such circumstances. *Abbé* (Lat. *abbas*), originally used of the head of a body of monks, had and still retains a much wider application in France. Ducange, *Glossarium*, s.v. *abbas*, notes its early employment for the rector of a parish church with priests under him. To-day this usage is extended to the inferior clergy and *M. l'abbé* is a general style of address given to a priest. The *abbé* or clergyman of the seventeenth and eighteenth centuries was a special social type, of which Aramis in Dumas' *Les Trois Mousquetaires* is a famous example in fiction. La Bruyère, *Les Caractères*, ch. xiv, marvels at the difference between the ascetic abbots of antiquity and the *abbés* who 'in costume, effeminacy and vanity are nothing behind the quality of both sexes, are the rivals of the marquis and the financier with women and get the better of both.' In Dancourt's *L'Été des Coquettes* there is an amusing portrait of the type, scented and over-dressed. 'M. l'Abbé,' says the waiting-maid (sc. ix), 'dans cet équipage n'a l'air ni d'un bénéficier, ni d'un homme d'épée, et il n'y a personne qui ne le prenne pour un animal amphibie.' Such fashionable *abbés* frequently derived their income from the farm of an actual monastery which was granted to them *in commendam*: cf. La Bruyère's portrait (ch. vi) of the 'garçon si frais, si fleuri, et d'une si belle santé,' who enjoyed a revenue of 120,000 *livres*, paid in *louis d'or*, as lord of an abbey and ten other benefices. For their position in great households, cf. the case, often alluded to by Saint-Simon, of Chamillart's relation, the abbé de la Proustière, who seconded Mme Chamillart in mismanaging her establishment.

SCÈNE IV

un extravagant: used of a person who is out of his wits. Cf. *toutes les extravagances* in sc. v below. So in Molière, *Le Bourgeois Gentilhomme*, v. vii, M. Jourdain, says to his wife: 'Vous venez toujours mêler vos extravagances à toutes choses, et il n'y a pas moyen de vous apprendre à être raisonnable.'

SCÈNE V

Jean-de-Vert: Jack-in-the-Green, a character in May-day processions, in which one of the masquers who brought in the spring was dressed up entirely in boughs of trees.

aujourd'hui pour demain: at any moment.

j'ai donné là-dedans: I fell into the trap.

Où diable avais-je l'esprit?: where on earth were my wits?

direction: an administrative post, such as that of receiver-general for one of the provincial *généralités* or of their subdivisions.

Canada: the Canadian colony was at this time in the hands of the chartered Company of the West, established by Colbert in 1664, in close relations with the Crown of France, which appointed the chief officials, administrative and financial. Such appointments were naturally controlled to a large extent by the home financiers of whom Turcaret is a type.

homme de condition: a man of rank. *Condition* in this sense = *condition noble*. For the literal meaning of the word see note on p. 142 above. The *noblesse* held their lands on the condition of rendering specified services to the Crown or their superior lord.

une commission: an employment.

bonace: properly *bonasse* = stupidly good-natured. On the requirements of a *commis*, see Turcaret's remarks in the next scene.

SCÈNE VI

des principes: Turcaret's question admits of a double sense, as *principes* may be taken either of moral principles or of the mere elements (*principia*) of knowledge. Turcaret's requirements, for which Frontin is eminently suited, exclude the first meaning; but Frontin answers cautiously, to bring home to the audience the double meaning and the contrast involved.

NOTES 145

des parties doubles: Turcaret asks if Frontin understands book-keeping by simple entry. He answers that he understands double entry too, with the *sous-entendre* that he knows how to play a double game.

De la ronde, de l'oblique: round hand, crooked hand. *Écriture ronde* is upright writing with rounded characters. Sloping hand, as Turcaret explains to the *baronne*, is *écriture bâtarde*. Frontin, with assumed stupidity, calls it *oblique*. The double meaning of 'crooked,' which he points by his next remark to Turcaret, is lost upon Turcaret, who regards him merely as a simpleton.

ingénuité: simplicity, *naïveté*.

ancien laquais: ex-valet. *Ancien* is the French form of a spurious Latin adjective *antianus*, derived from *ante* (=before).

Fite: a *restaurateur* of the day.

ragoûts: made-up dishes. A *ragoût* is literally something which whets the appetite.

à telles enseignes que: by the token that.

Surène: a contemporary wine-merchant.

la symphonie: the musicians. Similarly *la musique* means the band or the orchestra, as well as the music which they play.

quatre Italiens de Paris: the taste for Italian music in France, which dominated the opera throughout the eighteenth century, was largely due to the efforts of the Italian Mazarin. In 1661, the year of Mazarin's death, the Florentine Lulli became superintendent of the royal orchestra and in 1672 obtained letters patent for the creation of the royal academy of music. The opera was at this time and till 1753 quartered in the Palais-royal, originally Riche-lieu's town-house. The Italian comic opera at Paris, then in its infancy, had been temporarily suppressed in 1697, owing to its representation of *La Fausse Prude*, which reflected upon madame de Maintenon. It was revived by the regent Orléans in 1716, when the Comédie-italienne was established in the hôtel de Bourgogne, and entered upon its struggle with the national *vaudeville*, represented by the *théâtres de la Foire*, for which Lesage worked industriously. The revived company took the title of *Comédiens du régent*.

deux gros chantres: two big singers. *Gros* implies that they had strong voices and big bodies.

T. T.   10

partisan: a *partisan* was a member of a corporation of financiers who pooled the profits of taxes and various contracts: see introduction. Turcaret belonged to such a *parti* or company, from which we have already seen him engaged in excluding an ineligible candidate. Frontin thus impudently tells him the truth to his face; and the *baronne*, fearing that Turcaret will see the obvious meaning, explains that Frontin uses *partisan* merely as a figure of speech for a rich man. The infatuated Turcaret accordingly discovers nothing in the word but a new proof of Frontin's *ingénuité*.

M. Gloutonneau: the satiric name explains itself. The reference is obviously to some living poet who ate much, whatever his thoughts were worth.

Dautel: a jeweller.

SCÈNE VII

donner l'essor: give full scope, literally 'give flight.' *Essorer* is the same word as Eng. to soar.

SCÈNE X

son répondant: responsible for her character; 'her reference.

caution: guarantee.

ce petit minois-là: this pretty little face. *Minois* is derived from *mine*: cf. *minaudière*, p. 137 above.

représentation: picture.

grisette: the corresponding word in English is 'milliner,' as in the famous screen-scene in Sheridan's *The School for Scandal* (IV. iii). A *grisette* is a grey dress of cheap material: hence the word was applied to work-girls who wore or made such dresses and to girls of the working class in general.

honnêtes: how polite these young noblemen are!, with a touch of irony. *Honnête* means both 'polite, *comme il faut*,' as the Chevalier is superficially, and 'straightforward,' which he is also, but beyond the bounds of politeness.

un troc: an exchange. Cf. 'truck' in English; e.g., the 'truck system' by which labour is exchanged for payment in goods, or a money-payment is made on the understanding that the workman gets his goods and provisions at a designated shop. In Dancourt, *Les Bourgeoises de Qualité*, II. 9, the Greffière proposes to marry her niece's suitor the *comte* and let her have her own *bourgeois* suitor in exchange: 'ce ne sera qu'une espèce de troc.'

j'ai les inclinations roturières: my tastes are common. *Roture* =tillage, from Lat. *ruptura* (*rumpere* =to break). The feudal division of classes was between those who owned the soil and those who tilled it. Hence *roturier* comes to mean a person not of noble birth, and so 'plebeian, common.'

faquin: good-for-nothing, literally a 'porter,' from Italian *facchino*. A dummy used for practice with the lance or bayonet was called *faquin*, from which the contemptuous meaning of the word comes.

SCÈNE XI

un agent de change: a bill-broker, discounter.

nantissement: something held in pledge, 'security.' *Nantir* = to give in pledge, from Gothic and old German *nam* (Latinised as *namium*), something taken, a pledge, warrant. The verb connected with *nam* is *niman* =to take (Germ. *nehmen*). Thus *se nantir de quelque chose* means 'to hold something in pledge' or frequently 'to distrain for debt.'

SCÈNE XII

le traiteur: the cook-shop, literally the man who keeps it.

ACTE III

SCÈNE PREMIÈRE

je régale: I entertain.

SCÈNE II

je ne veux pas qu'on me flatte: the *baronne* has misgivings about her new maid and knows her own weakness for the chevalier. She regrets Marine, who gave her straightforward advice, and at the same time is willing to be duped by Lisette after a preliminary warning against flattery.

SCÈNE III

elle me revient assez: I find her quite agreeable, literally 'she suits me well enough.'

un couvert propre: everything laid clean. *Couvert* includes all table appointments. Cf. Dancourt, *Les Bourgeoises de Qualité*, 1. iii: 'Quantité de bougies dans la salle, et surtout que le couvert soit propre, Lisette.'

l'appartement: the rooms. The word includes the whole *logis*, just as in late Latin *camera* is used, not merely for chamber, but for a house with at least two rooms.

SCÈNE IV

universel: our English phrase is 'an all-round man.' In *Crispin rival de son maître*, sc. iii, La Branche says of his master Damis: 'C'est un aimable garçon; il aime le jeu, le vin, les femmes; c'est un homme universel.'

l'hôtel: the mansion, from Lat. *hospitale* =a place for receiving guests.

la place: the site. *Placea* in medieval Latin is 'a piece of ground': the word assumes an English form in the obsolete 'pleck' and 'plat,' modern 'plot.'

quatre arpents, etc.: the *arpent*, a Celtic word latinised as *arepennis*, contained 100 *perches* (*perticae*) and corresponded roughly to an acre. The perch contained from 18 to 22 square feet, according to local usage. The *toise* (*teisia*) was a long measure of six feet. Turcaret appears to give the full extent of the site, 4 *arpents*, 6 *perches*, and then the length of the main front of the house, 9 *toises*, 3 feet, 11 inches.

un zéro: the least little bit.

je me ferais siffler: I should make myself the laughing-stock.

SCÈNE V

Palsembleu!: for *par-saint-Dieu!* as *morbleu!* =*mort-Dieu!* See note on p. 138 above.

Il est badin: he likes his joke. The meaning is almost exactly that of *vous aimez à plaisanter*, which may be translated 'you are fond of your fun.' From the adjective *badin* is formed the substantive *badinage*, which has passed into English.

il a de mes nippes actuellement: he has things of my own at this minute. *Nippes*, literally, 'old clothes,' is used generally of any form of property. *Avoir* or *tirer de bonnes nippes de quelque chose* means 'to make a good profit out of something.' Cf. Dancourt, *Les Vacances*, sc. ii, where Lépine congratulates the *procureur* M. Grimaudin upon his acquisition of the *seigneurie* of Gaillardin: 'Vous tirerez encore de là de bonnes nippes.'

Ra... Ra... Rafle: the marquis cannot recall the name at once. *Rafler* = 'to strip, sweep clean,' and so 'to rob, pillage.' An English equivalent for the name of Turcaret's *employé* would be 'Mr Pluck.'

livres: see note on *deux cents pistoles*, p. 135 above.

accommodée: you have got it from M. Turcaret.

d'une revendeuse à la toilette: from an old-clotheswoman. The *revendeuse à la toilette* was a woman who brought old clothes and trinkets to houses for sale. See introduction.

chez Fite et chez Lamorlière: cf. note on p. 145 above.

faire accroire: see note on p. 143 above.

raisonnable: sober.

un petit somme: a little nap. *Somme = sommeil*.

âme damnée: familiar spirit. The 'familiars' of magicians were spirits who did their work at the bidding of the powers of evil, just as, e.g., Mephistopheles was sent to tempt Faust by putting supernatural gifts in his power.

SCÈNE VI

que je connaisse: notice the subjunctive mood. The sense is 'whom I can conceive,' more than 'whom I know.'

C'est en dire beaucoup: that's saying a good deal. The *baronne's* brief answers are ironical.

cela est prescrit: that is all done with, literally 'by prescription.' Prescription is the legal term for a right of possession founded upon long custom or an undisputed title: it is thus used in a negative sense for the limit of time within which such a right has been safe from attack. Turcaret, says the *baronne*, has acquired the pre-scriptive right to have his origin forgotten.

SCÈNE VII

butor!: blockhead, literally 'bittern.' The bittern, though a bird of prey, could not be trained for hunting like the hawk or falcon: hence the word is employed as a term of abuse for a person incapable of learning.

monsieur...chose: Mr...something or other.

Drès: *patois* for *dès*, frequent in Dancourt's comedies, where *patois* and provincial mispronunciations are freely used, e.g., by Thibaut the gardener in *Les Vendanges de Surêne*. Lesage merely indicates Flamand's provincial accent, which was doubtless made the most of upon the stage.

tout fin dret: for *tout enfin droit*, 'that's quite right.'

SCÈNE VIII

bien honnête: very kind.

SCÈNE IX

bordereau: a memorandum, used especially of an account with a margin (*bord*) for checking details.

à qui...de neuf: whose bill I had renewed.

le président: a presiding judge in a law-court.

caissier: a cashier. The funds of a company or business are its *caisse*, a word applied, as in the next instance, to the position of a cashier. Turcaret, whose interests lie in financial companies, has their offices at his disposal and makes fraudulent treaties with the *employés* whom he has promoted. It is this business of the cashier which eventually brings about his discomfiture.

cautionné: stood surety for. See note on p. 146 above.

qu'il...: Turcaret is going to add *a fait banqueroute* or words to the same effect.

cela sera réglé: that will be put in order.

la rue Quincampoix: a street in the business centre of Paris, lying between and parallel to the rues Saint-Denis and Saint-Martin, which intersect the northern part of the city from north to south. It was notorious, especially during the regency and the speculative mania fostered by John Law, as the chief centre of the *agioteurs* or stock-brokers. Madame, mother of the regent Orléans, says that Louis-Armand, prince de Conti, and his cousin, the duc de Bourbon, were always doing business in the rue Quincampoix, which gave occasion to the following epigram:

> Prince, dites-nous vos exploits;
> Que faites-vous pour votre gloire?
> —Taisez-vous, sots! Lisez l'histoire
> De la rue Quincampoix.

caisse: see note on *caissier* above.

ce qui pourra...compagnie: what he may have left on behalf of the company, whose *caisse* he keeps.

sec: lean.

direction: the charge of a *bureau* for the collection of local taxes.

Valogne: now spelt Valognes, in Normandy, department of la Manche, 13 miles south-east of Cherbourg. The name is derived from the Latin *Alauna*, which appears in another form in the suburb of Alleaume, on the site of the Roman station.

On a surpris sa bonne foi: his confidence has been abused.

cassé: a military metaphor, suggested by the application of *compagnie* to a company of financiers as well as one of soldiers.

au denier quatorze: interest amounting to $\frac{1}{14}$ of the capital, i.e., a little over 7 per cent.

l'espèce: the cash, in the same sense as the English 'specie.'

SCÈNE XII

si prévenantes: so prepossessing.

Tout de bon?: honestly?

Il ne tiendra qu'à toi: that will depend on nobody but yourself.

étoffé: upholstered.

un maître maquignon: a master horse-dealer. *Maquignon*, derived from the Flemish *maeken* (=to bargain), is also used in the general sense of a 'jobber' who transacts the sale of public offices. This adds point to Turcaret's exclamation, 'La conscience d'un maquignon!,' apart from its reflexion upon the honesty of horse-dealers.

neveu à la mode de Bretagne: a first cousin once removed, the son of a first cousin.

SCÈNE XIII

notre communauté: our common stock.   See note on p. 153 below.
faquin: see note on p. 147 above.

ACTE IV

SCÈNE PREMIÈRE

l'attention: Frontin complacently recalls his farcical expostulation with Turcaret on the subject of *attention* (III. xii).

acte supposé: an alleged deed.   An *acte civil* is a legal deed ratified by competent authorities.   *Supposé* = falsely alleged.

un faux exploit: a forged writ.   *Exploit* (from Lat. *explicare* = to unfold, explain) is a writ served by a bailiff or sheriff's officer.

SCÈNE II

en pointe: merry.   The full phrase is *en pointe de vin*: *pointe* = sting, spur.   Wine has given the marquis a stimulus to gallant adventure.

j'agaçais: see note on p. 137 above.

sa compagnie: her companion, for *dame de compagnie*.

Hôtel garni: furnished lodgings.

difficultueuse: troubled with scruples, used of a person who is always ready to raise objections.   The word is distinct in meaning from *difficile*, which implies a capricious and uncertain habit of mind.

revenue: emancipated, of a person who has altered his or her frame of mind.

étourdie: giddy, thoughtless.   *Étourdir* is derived from the Latin *torpidus* (= stupid, insensible), and so *s'étourdir* comes to be used of acting without reflexion.

barbouillée de tabac: bespattered with snuff.

SCÈNE IV

augmentation...plaisir: the more guests, the merrier.

le dissiper: used in the double sense of 'to distract him' and 'to waste his money.'

SCÈNE V

Le plaisir: Turcaret, confused and flattered by the compliments of a man of quality, repeats his phrase, transposing the words *plaisir* and *vivacité* in his embarrassment.

abonné: a subscriber. A *bon* is a coupon, certificate of subscription. For the Opera, see note on p. 145 above. Lesage, as a partisan of French opera, sneers at the fashionable Italian opera which was a source of official revenue.

SCÈNE VII

rabat: neckcloth, with the two ends falling in front. The word is also used of the 'bands' worn at the neck by barristers and clergymen.

SCÈNE VIII

M. Furet: *furet* = ferret.

au préalable: in the first place. Furet uses terms in accordance with his profession, taken from legal common forms.

huissier à verge: a tipstaff, bailiff or sheriff's officer. *Huissier* (Lat. *ostiarius*) is originally a door-keeper, usher, from *huis* (Lat. *ostium* = a door), and hence is applied to a subordinate legal officer. The *verge* (Lat. *virga*) is the staff carried by a bailiff as the token of his office.

exploit: see note on p. 152 above.

obligation: a bond.

Porcandorf: the *baronne's* husband was, it will be remembered, a *colonel étranger*. Lesage invents a title with a German ending: the meaning is, of course, 'Pigtown.'

communauté: community of property between husband and wife. The full phrase is *communauté de biens*. The notary in Molière, *L'École des Femmes*, IV. ii, expounds the law on the point, by which a husband and wife are by custom

> Communs en meubles, biens, immeubles et conquêts,
> À moins que par un acte on y renonce exprès.

When the regent Bourbon's wife died in 1719–20, leaving her

property to her sister, Mlle de la Roche-sur-Yon, the duke had to part with half the gains which he had made by speculation while the *communauté de biens* existed.

solidaire: an *acte solidaire* is one for which the parties involved are jointly liable *in solidum*, i.e., in which the interests of both or all are solid or inseparable.

déclaration d'emploi: specific assignation of the joint property of both debtors as security for the debt.

énoncés: rehearsed.

Par-devant, etc.: the name of the qualified person in whose presence the bond is said to have been taken is omitted by Furet.

Dolinvillière: the first syllable of the name is *dol* =fraud. A similar English word would be 'Cheatington.'

Éloi-Jérôme Poussif: a *cheval poussif* is a short-winded horse, a 'roarer.' The Christian names, as in the other cases, have no special significance. Éloi (Loy in medieval English) is the Latin *Eligius*. Saint-Éloi, bishop of Noyon (d. c. 665), was celebrated for his skill as a goldsmith and worker in metal. Lesage, in giving his name to a horse-dealer, may have been thinking of the famous story of the two jewelled saddles which he made for Clotaire II, recounted by his biographer Audoënus and in the *Aurea Legenda* (see Caxton's *Golden Legend*, ed. Ellis [Temple Classics], III. 262).

sous poil roux: roan. The famous breeds of Norman carriage-horses are reared chiefly in western Normandy, in the district known as la Perche, north and west of Alençon, and in the Cotentin, between Cherbourg and Coutances. The principal breed of horse is known as the *percheron*.

bardeaux d'Auvergne: *bardeaux* are 'saddle-horses,' from the *barde* or trapped saddle, the trappings of which covered the body of the horse.

crins: manes.

bâts: pack-saddles, late Lat. *bastum* or *basta*.

licols: halters, literally 'tie-necks' (*lier* and *col*). *Licou* is the usual form of *licol*.

nippes: see note on pp. 148–9 above.

obligé, affecté et hypothéqué: bound, assigned and mortgaged.

discussion: dispute.

des présentes: of these presents. *Lettres* is understood.

Le Juste: the surname is ironical.

ancien: see note on p. 145 above.

procureur au Châtelet: a *procureur* is a proctor or attorney (Lat. *procurator*), a solicitor who represents his clients in a court-of-law. The Châtelet, which stood on the north bank of the Seine opposite the Palais de Justice, was originally a *castelletum*, a small castle or *tête-du-pont* commanding the approach to the Cité by the Pont-au-Change, and was used as a prison throughout the middle ages and until its destruction in 1802. The name survives in the modern place and théâtre du Châtelet. It was the metropolitan police-court of Paris: for the social position of the *procureur au Châtelet* see Dancourt, *Les Bourgeoises de Qualité*, I. iii, where M. Blandineau upbraids his sister-in-law for her ambitiousness: 'Comment donc? Eh! qui êtes-vous, s'il vous plaît? Fille d'un huissier qui était le père de ma femme, ma belle-sœur à moi, qui ne suis que procureur au Châtelet, veuve d'un greffier à peau, que vous avez fait mourir de chagrin.' M. Grimaudin, the chief character of Dancourt's *Les Vacances*, is a *procureur* who has the *seigneurie* of Gaillardin 'par la grâce de Dieu et du Châtelet,' as the costs of a suit which he has kept going for seventeen years.

Bout-du-Monde: a purely fictitious street, as the name implies.

passé, etc.: the name of the notary public who drew up the bond is omitted.

revenir contre: to object to.

sergent: the term is equivalent in meaning to *huissier*.

SCÈNE IX

donner dans le panneau: fall into the trap.

SCÈNE X

madame Dorimène: the audience would remember that the *marquise* in *Le Bourgeois Gentilhomme* for whom M. Jourdain was ready, on the advice of her lover Dorante, to make himself ridiculous, was called Dorimène. The name was one of the stock names of comedy: e.g., 'une marquise qu'on nomme Dorimène' is one of the ladies courted by Dancourt's *Chevalier à la Mode* (III. 2).

SCÈNE XII

un bon hasard: a good find. *Hasard =marchandise du hasard*, a casual bargain.

garniture: set of trimmings. The *baronne* refers to it below as a *coiffure*.

une fermière des regrats: the wife of a farmer of second-hand victuals. Regrating, which was made a statutory offence in England in 1552, is the act of buying victuals, such as corn and salt, with intent to sell them again in the same or a neighbouring market, which would necessarily be done at a higher price for the sake of the profit.

limousin: from Limoges. The province of the Limousin corresponded roughly to the larger portions of the modern departments of Haute-Vienne and Corrèze, comprising the dioceses of Limoges and Tulle.

La bonne pâte de mari!: what a good kind of husband! *Pâte*, literally 'paste,' is used of the mould in which anything is cast.

un gros commis: a clerk in a big way.

peu de protection: little influence, i.e., to push him on.

rouler carrosse: keep a carriage, literally 'keep a carriage going.'

Ils faisaient donc mauvais menage: they didn't get on well together, then?

tenir une pension: live on an allowance. For Valogne, see note on p. 151 above.

dérangement: see note on pp. 142–3 above.

Eh! le moyen qu'il n'y en ait pas: well! he is on the way to losing his business. With *le moyen* understand *il y a*: *en =d'affaires*.

c'est un panier percé: there is no bottom to his basket. *Panier percé* is a colloquial metaphor for a spendthrift.

que j'en suis aise!: *en* refers, of course, to the disorder in Turcaret's *affaires*.

SCÈNE XIII

brusquons: *brusquer*, literally, 'to hasten,' is used of taking a fortress by storm. 'Let us storm his strong-box.' The metaphors employed by Lisette are military: *billets* has the double meaning of 'bills of exchange' and 'military quarters.'

ACTE V

SCÈNE III

dà!: yes, indeed, shortened from the emphatic affirmative *oui-dà*.

de m'avoir fait bailler: to have got me the present. *Bailler* = to give, offer.

Falaise: in Normandy, department of Calvados, between Caen and Argentan. The town, famous as the birth-place of William the Conqueror, takes its name from the cliff on which the castle stands. The porte de Guibrai was the eastern gate of the town. Guibray, a large village on the hill above Falaise, of which it forms a suburb, was well-known for its annual horse-fair.

capitaine-concierge: Saint-Simon (XVII, 361-2), recording the fortunes of Henry IV's two Béarnese valets, Joanne and Bésiade, who both founded noble families, says that Bésiade founded his fortune by obtaining from the king 'un emploi à la porte de je ne sais quelle ville pour les entrées.' A *capitaine-concierge* at a town gate would levy perquisites much as he liked on all who passed through.

Pesté!: plague on the fellow! Lisette is impatient of Flamand's prattle and his eternal repetition of *bon*.

tretous: an emphatic form of *tous*. 'They get rich that way, all of them.' The word is found in old French: throughout the will of John of Gaunt, printed in Nichols' *Royal Wills*, *trestous* is used instead of *tous*. It occurs frequently in Dancourt's comedies, e.g., *Les Bourgeoises de Qualité* II. 1 : 'J'ai pardu ma femme, et puis j'avons cette année bon vin, bonne récolte, je sommes tretous si aises.'

que si fait: on the contrary.

pour lui donner dans la vue: to keep his eyes busy, i.e., to please him and keep his affection.

SCÈNE IV

il devrait bien être déniaisé: he should be less of a simpleton by this time.

SCÈNE V

une grosse et grande madame: a great big lady.

SCÈNE VII

à l'affût des modes: on the look-out for the fashions. *Affût*, from *à* and *fût*, literally a log or trunk (Lat. *fustis*), is a shooting-butt, behind which a sportsman sights his game; from which comes the secondary and special sense of 'gun-carriage.'

pretintailles: furbelows, flounces.

Je l'ai mise sur un pied!: I have made a position for it, literally 'I have put it on a footing.'

la Basse-Normandie: lower Normandy is the western part of the province, corresponding to the modern departments of Calvados, Orne and Manche and to the ancient divisions of the Bessin, Perche and Cotentin.

pour médire: to talk scandal.

Cherbourg: Saint-Lô, south-east of Valognes, is the *chef-lieu* of the department of la Manche. Coutances, Valognes and Cherbourg, with the more distant Avranches, are the capitals of the *arrondissements* or sub-divisions of the department. Madame Turcaret vaunts the culture of the Cotentin as equal to that of the district further east. Caen is now the capital of the Calvados department, while Vire is the head of its south-western *arrondissement*. Vire was the birthplace of the French *vaudeville*, which received its name from a type of light popular drama acted in the Val de Vire.

fêtes galantes: see note on pp. 139–40 above.

soupés-collations: suppers with light refreshments. Madame Turcaret's account of the diversions of Valognes is not unlike that which Mrs Elton, in Jane Austen's *Emma*, gives of the joys of Maple Grove, the seat of 'my brother-in-law Mr Suckling' and the centre for explorations in his barouche-landau.

Cela est d'une propreté: they are quite the thing!

SCÈNE VIII

Je m'en doutais bien: I quite suspected it. The *baronne* notices the mutual confusion of the chevalier and the original of the sacrificed portrait.

SCÈNE IX

Tredame!: bless my soul! For the emphatic form of *dame* (i.e., *par Notre-dame*) cf. *tretous*, p. 157 above.

ma mie: my good woman, a term of endearment used contemptuously.

un maréchal de Domfront: *Maréchal* (Latin *marescalcus, marescallus*, literally 'a shoe-smith') was a term applied to upper servants in charge of various departments of a medieval household, and so to certain officials of higher rank, who held courts of *marescalcia* or marshalsea as deputies for their lords. In England, e.g., the earl marshal, known as *marescallus intrinsecus*, appointed a knight marshal (*marescallus forinsecus*) to hold courts and control the prison in Southwark called the Marshalsea; and the prior of Durham had his lay marshal with judicial powers. In France the word was used specially of the highest military rank (cf. Eng. field-marshal), as in the present case. Domfront, the capital of the north-western *arrondissement* of the Orne department, beautifully situated on the range of granite hills of La Perche, is famous for its castle, built by the Norman and Angevin kings of England and defended in 1574 by the Huguenot leader Montgomery against the Comte de Matignon. *Maréchal de Domfront* is in keeping with madame Turcaret's provincialism: the audience would expect her to say *maréchal de France*, and the unexpected *Domfront* is a satiric touch.

demeurer en reste: 'the daughter of a marshal of Domfront is not bound to pay back your nonsense.' *En reste* =in arrears.

voilà une dame bien relevée: what a highly exalted lady!

M. Briochais: an appropriate name, as we should say 'Mr Bun.'

puisque comtesse y a: since countess it is.

vous requinquer: to smarten yourself up.

SCÈNE X

du Grand-Mogol: the phrase expresses something impossible or inconceivable: cf. Dancourt, *Le Chevalier à la Mode*, IV. ii: 'La Baronne est sa parente, comme je la suis du Grand-Mogol.' The great Moghul was the emperor of northern India. The fifty years'

reign of Aurungzebe (1657–1707), the Asiatic counterpart of Louis
XIV, closed two years before this play was written.
un charivari: a rumpus.

SCÈNE XIV

garnison: the bailiffs, the 'garrison' which keeps watch over a
debtor's furniture.
cautionné: see note on p. 150 above.
en diligence: as quickly as I could.

SCÈNE XVI

à telle fin que de raison: for their reasonable purposes.

SCÈNE XVIII

faire souche: to found a stock.

CRITIQUE DE LA COMÉDIE DE TURCARET

The two dialogues between Asmodée and Don Cléofas, characters
introduced from Lesage's novel, *Le Diable boiteux* (1707), form a
critical prologue and epilogue to the play.
mon magicien: Asmodée, the satirical spirit of *Le Diable boiteux*,
is a familiar confined by a magician in a magic bottle, from
which he is delivered by Don Cléofas, as Ariel in *The Tempest* is
delivered by Prospero from Sycorax. He rewards his deliverer by
taking him a tour in the course of which, from various points of
vantage, he shows him the follies and vices of mankind. Lesage
satirises Parisian society in the novel by disguising Paris thinly
under the semblance of Madrid.
les spectacles de la Foire: see introduction and note on p. 145
above.
Je suis ravi...cochers: on this passage Scott remarks: 'Thus
thought Le Sage originally of the dignity of those labours in which
he was to spend his life, and the indifference with which he was
contented to exercise his vocation, shows that his opinion of its
importance was never enhanced.'

bateleurs: mountebanks.

le Suisse: a *Suisse* is a porter or *concierge*. The point of the allusion is unexplained.

la robe et l'épée: the gown and the sword, i.e. the bar and the army.

des commissaires et des greffiers: commissioners and registrars, legal officers whose fees and perquisites were a temptation to extortion.

le Tartuffe: Molière's famous comedy, *Le Tartuffe ou l'Imposteur*, was first acted publicly in its entirety on 5 Aug. 1667. The first three acts had been presented before Louis XIV on 12 May, 1664; but the fierceness and thoroughness of its satire upon hypocritical devotees were resented by its victims, and the king's opinion was that it was too easy to confound Tartuffe with his opposite and that therefore the representation of the play would be dangerous. The play was forbidden, but was privately acted in its entirety on 29 Nov. 1664 at Raincy, before the *grand* Condé. The king himself, though he had thought it best to interdict it, remarked to Condé that he was surprised that the people who had been shocked at it said nothing against a blasphemous satire, *Scaramouche ermite*, which had been well received at court. 'The reason,' said Condé, 'is that *Scaramouche* makes a mock of heaven and religion, about which these gentlemen do not worry their heads; but Molière's comedy mocks at themselves, and that is a thing they cannot bear.' Even after the interdict was removed, the play was still forbidden by the president of the *parlement* of Paris and banned by the archbishop. Louis, however, annulled the difficulties in the way of the piece, and the elaborate compliment to him with which it ends is well deserved. It was printed in 1669, when all hindrances had been removed, with a preface in which Molière answered his opponents, concluding happily with the remark of Condé quoted above.

Ils seraient donc plus délicats, etc.: Lesage uses the argument with which Molière's preface to *Tartuffe* opens. 'Les marquis, les précieuses, les cocus et les médecins, ont souffert doucement qu'on les ait représentés, et ils ont fait semblant de se divertir, avec tout le monde, des peintures que l'on a faites d'eux; mais les hypocrites n'ont point entendu raillerie; ils se sont effarouchés d'abord, et ont trouvé étrange que j'eusse la hardiesse de jouer leurs grimaces, et de vouloir décrier un métier dont tant d'honnêtes gens se mêlent.'

aux troisièmes loges: the third tier of seats above the ground-floor, corresponding to the gallery in an English theatre.

quelques grenadiers de police: some tall policemen.

le parterre: the pit.

pelotons: groups, literally balls of thread, wool, etc. The word is anglicised in the form 'platoon.'

trois clefs de meutes: three ringleaders, a hunting phrase used of the leading hounds in a pack (*meute*).

un peu gaillardes: a little free.

votre dona Thomasa: the lady to whom Don Cléofas pays attentions in *Le Diable boiteux*. Asmodée exposes her falseness and displays its punishment.

Les bonnes dispositions: the excellent abilities.

convient à un Espagnol: the Spanish drama, on which Lesage had modelled his earlier pieces, was distinguished by the elaboration of its plot. The importance which it gave to intrigue can be studied in the plays of English imitators, e.g., Beaumont and Fletcher, in the early part of the seventeenth century, in which plot is the essential means by which character is developed. In French comedy plot is of secondary importance, the object being the delineation of types of character by means of witty and satiric dialogue.

For EU product safety concerns, contact us at Calle de José Abascal, 56–1°, 28003 Madrid, Spain or eugpsr@cambridge.org.

www.ingramcontent.com/pod-product-compliance
Ingram Content Group UK Ltd.
Pitfield, Milton Keynes, MK11 3LW, UK
UKHW012335130625
459647UK00009B/290